ck Life

なおかしな

ステッキ生活

坂崎重盛

Sakazaki Shigemori

求龍堂

Kyuryudo

ぼくのおかしなおかしなステッキ生活

目次

プロローグ　紳士の友・人生の伴侶——ステッキ10得　5

Part 1　余は如何(いか)にしてステッキ収集家となりし乎(か)　25
コレクターのほとんどはハンターである　26
世界に杖曳(ひ)けば、杖と出会う　30
イギリスはステッキの本場　32
エジプト・カイロでは盗掘者の気分だった　35

Part 2　ステッキほど素敵(ステキ)で不敵(フテキ)なコレクションはない　41
ステッキはメッセージを発信する　42
ステッキとステッキ文芸　コレクションで行こう!　58
青春のステッキ・漱石の「洋杖(ステッキ)」そしてシブイ単なる杖(つえ)あるいは杖(じょう)　72
父としての鷗外の横顔とステッキにまつわる話二つ　92

幻の「ステッキ・ガール」と銀座の〝お歩きさん〟という新職業　98
今日の人士にも〈ステッキ系〉と思われる人々がいる　107

Part 3

ステッキ夜話――人生いろいろ、ステッキもいろいろ　137

こんな豆本にもステッキが　138
ステッキ散弾銃を使った日本人　141
戦時下でも若き文士はステッキを手に　143
失意の魂にステッキが寄り添う　145
ステッキは「握り」と「石突き」にご注意　150
ステッキ材の王、寒竹とスネークウッド　152
こんなにもあるステッキ材、と金子光晴の「硝子のステッキ」　156
ステッキと道化と無礼講　162
リンボウ先生のステッキ話と「James Smith & Sons」　167
福沢諭吉、新島襄のステッキ話　171
泉鏡花作・新派「婦系図」の二本のステッキ　173
「C・チャップリン&愉快なステッキ展」と「タカゲン」のYou Tube画像　177

杖・ステッキの神話的うんちく話 181
ステッキの誤った用い方 187

Part 4
ぼくの愛杖(ステッキ)生活——いつでも杖を 191
別れても、好きな杖 192
手元のステッキ一本一本に思い出がある 205
ぼくの「仕込みステッキ・ベスト10」 206
ぼくの「いただきものステッキ・ベスト5」 218
ぼくの「掘り出しものステッキ・ベスト3プラス1」 234

あとがき——ステッキといつまでも 246

索引 i/254

プロローグ

紳士の友、人生の伴侶
――ステッキ10得

今日の日本で、介護用ではなく、単なる遊び心で杖、ステッキを手にする男性はどれだけ存在するだろうか。

一万人にひとり？　いや、十万人に、いやいや、百万人にひとり？　つまり、ほとんど皆無に近い。ましてや、二十代、三十代、四十代の元気盛りの男性となると……。

しかし、明治以後、少なくても明治中ごろ、さらには大正の生まれで昭和初期に都会で青春を迎えた世代の（ということは、戦後に中高年を迎えた）男性たちは、自分たちの生活とステッキが、ごく親しいものだったことを憶えているはずだ。

そう、彼らの多くは、外出時のファッション、身だしなみの一アイテムとして、それぞれ、さまざまなデザインのステッキを携（たずさ）えていたのである。

若きサラリーマンはサラリーマン風の、芸術家気取りは彼らにふさわしいステッキを小脇にかかえて、街を闊歩したり、ブラブラと散歩していたのです。

そして、互いのステッキをチラッと観察しては（キザなステッキを突いているな、あの二枚目気取りは！）とか（うーむ、いいステッキだなあ、どこで手に入れたのだろう。いくらぐらいかなあ）などと、意識し合っていたはずです。

この本の本文中に、ステッキを手にした男たちの、おびただしい数の風俗漫画を紹介するのは、論より証拠、百聞は一見にしかず、を意図したからである。また、ステッキを手にする彼らのファッションが、今日と比べても、比較にならぬほど、なんともオシャレで決っていることにも注目してもらいたかったからでもあります。

彼らは、気に入った（多分、ご自慢の）ステッキを手にしていただけではなく、ここぞ、というときに、友情や感謝を表わすものとしてステッキをプレゼントしていた。たとえば作家の井伏鱒二や小島政二郎らの文章に書き残されている。これも本文で少しくわしく紹介する。

かく言うぼくも、まず隗（かい）より始めよ、ステッキをずいぶん人にプレゼントした。「妙なものを見つけたでしょう」、という自慢と、もらった方の当惑ぶりを想像すると嬉しくなるからだ。とくに外国を旅行した際に見つけたステッキの大半は、友人達へのお土産用として消えた。

そういえば、（自分が持っていたはず）と思って、ステッキを突っ込んでいる景徳鎮（風）の三つの壺をガサゴソさがしても出てこない。そんな、幻のステッキが何本もある。

先日も、（あれを、ちょっと撮影しよう）と思ってさがしたのだが見つからない。それは二十年ほど前、カイロへ行ったときに買いあさった、古代エジプト発掘品、ブロンズ製ヘッドのレプリカものである。その中の、迫力、重量ともにメインである、ツタンカーメンステッキが手元になかったのだ……。

もともと、ぼくは、このステッキを手にして外出することは絶対にないだろうとは思ってはいた。荘厳すぎるデザインといい、重さといい、まったく携帯に不向きなのである。

で、人にホイホイ贈呈したのですが、一本はとっておいたはずの自分の分まで人に上げてしまったようなのだ。そのうちの、三本の行き先はハッキリ憶えているので「ちょっと返して」と言ってもいいのだけれど、それもねぇ。

話のついでに——このツタンカーメンステッキには一つの出来事があった。某氏に贈呈した、このステッキ、玄関の傘立てに立てかけて置いてあったらしいのだが……。ある日酔っぱらった某氏が玄関でよろけた拍子に、手でこのツタンカーメンの柄をドンと突いたら、そのブロンズの頭部が玄関の壁に穴をあけてしまい、奥方にひどく叱られたというのだ。

この話を某氏から聞いた瞬間のぼくの反応は(しまった、面白半分で妙なものを人に上げるものではないな)という、至極、良識的な反省と、もう一つ、(ハハーン、某氏はなにか、その家の守り神・ツタンカーメンを怒らせるようなことをしたのかな)という啓示であった。

と、まあ、そんなエピソードを持つ、カイロ発のステッキが、人に上げ過ぎて、ぼくの手元にない。

そうそう、話はステッキを人にプレゼントする話だった。

つい先日も、友だち三人と相談して、共通の先輩O氏のお祝いごとの記念にと、ステッキを差し上げた。O氏は、まだカクシャクとして、よく歩き、よく呑み、身体上の都合でステッキが必要というわけではない。つまりオシャレ用として。

(ダンディなO氏ならステッキの二、三本持っていてもバチは当らないだろう)というのが、三人の思いだった。「三人寄れば文殊のツエ」とか下らぬ冗談を言いながら、ステッキ店へ行って、三人で、あれこれ手にし、批評し合って、衆議一決、椿の材によるシンプルにして典雅なステッキを選出することができた。

楽しかったですよ、このひととき。O氏に対する親愛をステッキの選定に心こめてのステッキ選考委員会ですね。で、ステッキをお渡ししたその翌日、O氏から「おとろえはまず足よりぞ草枯るゝ」添書きは「かくてステッキ、伊達にはあらず」という久保田万太郎の句の入った礼状をいただきました。さすがですねえ、O氏の、この文人力。

——と、まあ、この本は、かつてのステッキ文化の見直しと、今日にステッキを復活させること目論んだ、ステッキ偏愛者の雑文的論考集なのですが、IT万能の今の世に、身体性の強い(ということは、ジャマくさい物体ともいえる)ステッキが、そう簡単に甦るとは思わない。

しかし、男たるもの、便利や機能だけではなく、無用であったり、行動するのにかえって不便といわれるものを愛する遊び心があってもいいじゃないですか。仮に介護用としても、男性用の杖、ステッキは実用一点張り過ぎませんか。

それに比べれば女性用のステッキの方が、比較にならないほどオシャレでバリエーションに富んでいる。女性は自分の人生を楽しく送ろうと努力している証拠でしょう。

女性といえば——男性が遊びでステッキを手にするのは、まずお目にかからないが、じつに美しいステッキをプラプラ手にして待ち合わせ場所に登場したレディがいる。散歩友だちのイラストレーター・田村セツコさん。

そのステッキ、ウィーンに行ったときに見つけたらしい。典雅で軽やかなステッキの風姿がセツコさんによく似合う。セツコさん、そのステッキの先で、街路樹の葉っぱをツンツンと軽く突つき、まるで街路樹さんに挨拶をしながら散歩しているようでした。

そのセツコさんの最近出した画文による『おちゃめな老後』（WAVE出版刊）の巻頭口絵には、なんと！　両手に二本のステッキを手にし、「つえが大好き」、とネームの付されたセツコさんの、おちゃめな写真が！

――ということで『ぼくのおかしなおかしなステッキ生活』の幕開けです。

＊　＊　＊

栄枯盛衰は世のならい、風俗、流行にも浮き沈みがある。ある時代までは当り前のように身の周りにあったものが、パタッと姿を消し、これまた、人はそれを何とも思わない。そんなものは昔からなかったように忘れ去る。

ぼくは杖・ステッキの話をしようとしているのだ。

杖やステッキといえば、老人や、体の足腰に支障がある人が用いるもの、というのが今日の人の、共通の考えだろう。つまり、「介護用」を指す。

ところが、われら日本人は明治以後、近くは昭和戦前まで、青年・壮年もステッキを手にする流行があった。気ままな、オシャレな気分、あるいは自己演出の小道具として杖、ステッキが愛用された。

「必要もないのにステッキを持つ？　そんな邪魔くさい、馬鹿げたことを！」と今日の人なら、ほぼ百パーセント思うだろう。もちろん中には、「ものずきな人間がいるもんだなぁ、面白いかも」と笑って許容してくれる人もいるかもしれないが、だからといって、ご自分が用もないのにステッキを携帯しようとはしないだろうし、さらに、それなりの出費までして手に入れようなどとは夢思わないにちがいない。

しかし、くりかえすが、戦前までは、ときには二十代で、まだ世に出ぬ学生ですら、ステッキを携さえている。今日の常識からは信じがたいことだろう。

ぼくも、それを知ったときは正直、びっくりした。そして興味を持った。我が病いというべき好奇心と収集癖が刺激され、それを証明する物件——国の内外、また新旧、種々雑多なステッキと、さらには、ステッキが描かれた図版や文章を集めてみようと思い立った。

この本の中では、戦前の青年やサラリーマンの手にする図版をしつこいくらい紹介するつもりだが、それも、かつて、男たちが遊び心でステッキを友とした時代があったことを理解、納得し、また、心にとどめていただきたいからである。

などと、殊勝めいたことを言っているが、ぼくは、なにより妙なステッキをコレクションすることと、その周辺の情報、とくに文芸の一節や世相漫画で描かれたステッキ画を見つけては、一つ一つファイルするのが楽しくて仕方がないのである。すたれた物、さびれた場所、消えつつある事柄に対する肩入れは、ぼくの宿痾（しゅくあ）であり、また、それこそがぼくが生きている主な理由、と自分で思っている人間なのだから仕方がない。

というわけで、遊びのステッキの興隆と、滅亡の原因を少しさぐってみたい。

◆昭和初期の夫婦像とステッキ——その1◆

○東京驛
・帝都の大玄關東京驛——綿々として蓑虫のやうに續く乘客の群があると思へば、二等待合室には汽車にも乘らず旅行もせず、そしてこの待合室を必要とする人間が集まつてゐる。
「では明日もう一度此驛でね」
月給日東京驛で妻が待ち

①「月給日東京駅で妻が待ち」川柳(せんりゅう)ですね——給料振り込みでは、こういう光景も見られなくなりました。夫君はちゃんとステッキを持っている。谷脇素文画(『人生漫画帖』昭和7年・大日本雄弁会講談社刊)

②きれい好きの奥方、お勤めから帰った亭主に、ハタキのお出向かえ。当時のサラリーマンは頭にソフト、手にステッキ、モダンな服装をしてますね。水島爾保布画(『現代世相漫画』昭和3年・中央美術社刊)

③この絵で画家が何を言いたかったかというと、後ろ姿の髪のカットだ。題して「葱(ねぎ)坊主」。モダンな新家族の夫君の手にはモボの象徴・ステッキが。田中比左良画(『人生漫画帖』昭和7年・大日本雄弁会講談社刊)

ステッキもそうだが、もう一つ、紳士の頭に置かれる帽子も戦後は忘れ去られた。カジュアルな、野球帽や登山帽、あるいはベレー、ハンチングのことを言っているのではない。ちゃんとしたフェルト地を使っての中折帽、ソフトハットのことである。

これも、当時の写真や世相漫画を見れば一目瞭然なのだが、戦前までは中高年はもちろん、若きサラリーマンも、ソフトをかぶり出勤していた。夏はパナマである。当時は帽子のクリーニング屋まであった(銀座の帽子クリーニング屋が描かれた昭和初期のカーツーンをぼくは持っている)。

それが、どうだ、どうしたことか、戦後はめったにキチンとした帽子をかぶる人の姿を見かけなくなってしまったではないか。

ときに俳優や老いた政治家にソフト帽着用の姿を見ることもあるが、日常生活の中でのサラリーマン諸氏に関しては、まず絶滅。逆にソフトでもかぶって出社しようものなら、会社側からは、「真面目に仕事に取り組むとは思えない人物」と判断されても仕方がない、というのが今日の〝常識〟だろう。

ステッキともども、なぜソフトハットは戦後、消えてしまったのか?

ぼくの判断するところ、それは敗戦ゆえ、ということになる。

戦後のラッシュアワーでソフト着用など、どだい無理である。周囲から白眼視され

◆ 昭和初期の夫婦像とステッキ —— その2 ◆

① 細木原青起による「妻君操縦」と題する画。妻のおねだりに対して「釣った魚に餌をやる馬鹿はないよ」などといっている。

②「御亭主にコリャ耐らない飾り窓」という川柳が付されたこちらも「釣った魚」からおねだりされる。昭和初期風景。谷脇素文画。妻は着物にショール、夫君はソフト帽にステッキ。①、②とも『人生漫画帖』(昭和7年・大日本雄弁会講談社刊より)

③「新しき細君・旧き細君」と題する対照的夫婦。しかしいずれの亭主の手にもステッキが。清水登之画。(『現代漫画大観』昭和3年・中央美術社刊)

るに決っている。必要もないのにステッキ携帯など、論外。

敗戦後、ご存知のように日本は驚くべき復興をとげる。やがてバブルが到来、経済的に世界の第一等国に列した日本は、自らを豊かな〝黄色い欧米人〟と思い込み、根拠なき自信を持ち、高価なブランドを買い込み、一時（いっとき）のこの世の春を謳歌する。

敗戦後、数十年を経て日本は、本当に豊かな国になったのか？

たしかに経済的には大国となった。しかし、その生活実情は、しょせんは付け焼き刃の成り上がり、——文化面ではいまだに日本は敗戦国から脱却できていない、とぼくは考える。

たとえば通勤時間帯の、あのラッシュはどうだ。とてもじゃないが、人が人としての尊厳が守られる、といった状況ではない。しかも、ラッシュ時、より詰め込みができるよう、すべての座席が折りたたまれ、乗客全員が立ったまま吊り革にぶら下がり満員電車で耐え忍ぶ、というデザインの新車両が導入されている（座らなければならない人は排除されているわけだ）。

考えてみれば、ひどいことですよ。これはまるで、牛かブタを運搬する発想である。〝豊かさ〟どころの話ではない。（日々、そんな苦役を強いられている、寛容で従順な日本国民に幸あれ！）

通勤電車だけではない。衣・食・住、あるいは、ぼくの仕事の世界でいえば、雑誌や書籍の造本一つにしても、今日、大正時代や昭和戦前のレベルに戻ったとは、どうしても考えられない。

戦争前までの日本の一般市民の日々の暮らしは、今日より、もっと余裕があり、生活のクオリティーも高かったのではないだろうか。

たとえば都心の会社に通う中産階級のサラリーマンのシャツ一枚、靴一足、あるい

◆ デビュー前のディケンズ青年の姿 ◆

出版社の郵便受けに自作の原稿を投函するディケンズ青年（21歳）。それはともかく彼の服装の見事さはどうだ。シルクハットに細身のステッキ。1830年代のイギリス人は21歳でこんな格好で街を歩いていたのか。J. スティーヴンソン画（ディケンズ作／藤岡啓介訳『ボズのスケッチ』岩波文庫より）

はカバン、またインテリアの家具一つ一つといったものが、今日よりも材質、デザインともに良質ではなかったのではないだろうか。

そこでぼくは、こう考えることにした。

一度、国破れれば、その復旧には少なくても百年はかかる——と。

つまり、近代以降の日本人の生活から、国破れた戦後、ソフトハットをかぶる習慣が失われ、手からはステッキが消えた。そして今日に至ってもそのままなのは、現在もまだ敗戦からの復興途中だから——と思うことにしたのだ。

世の人は忘れてしまったのか、忘れさせられてしまったのかは定かではないが、じつは我々の生活は未だ敗戦後の生活継続中なのだ。それは、かつてのように、ソフトをかぶれない生活、用なくしてステッキを持てない日々、という一事をとっても明らか、とぼくは規定する。

貧しさに慣れてしまうと、貧しさに気がつかなくなる。まして、見せかけの繁栄や目新しい物事に眼がまどわされてしまうと……。

と、いうことで、ぼくはぼくたちの生活から〝失われたステッキ〟について語ろうとする。遊びでのステッキを持つことすらできない今日の生活の余裕のなさ、精神的貧しさに気づくため、ステッキを取り上げようとする。

なぜ、ステッキを持つのか？　ですって？

ま、ぼくの場合、多分に人に対するイヤガラセの気配がある。だから堂々とワザトラシイ。今日の世の中では、周囲が、遊びでステッキを持つ習慣がないので、どうしてもこういうことになる——とヤケッパチ的に自己正当化する。

では、ステッキには、それを手にして、利というか、なにか効用があるのか？——と問われれば「また、実用性ですかあ」とグッタリする気分にもなるが、ここはステッキ援護のために、無理にでも、その得と徳を列挙してみよう。

……と、改めて思いをめぐらせてみたら、なんの、なんの、あるわ、あるわ、ステッキを持つことによる利得。これではステッキを手にしない今日の紳士諸氏がアホ、あるいは持たせない社会状況が悲惨、と改めて思い知った。

「ステッキ10得」思いついたまま、忘れないうちに順不同で列挙しておこう。

①ステッキを手にすると姿勢がよくなる

これは誰しもが納得できる利点。ステッキを手にしていることに自覚的になるので立ち姿、歩く姿にも気を配ることになる。ステッキを手にして背中が曲がっているのは、まぎれもなく老人の姿。ふつうはステッキを軽く地に突き、それに手を添えれば自然に背はシャンと伸び、楽に、美しい姿勢となる。

②ステッキを手にすれば、それ以上余計な物を持とうと思わなくなる

当然である。片手はステッキでふさがってしまっているのだから。

これを「不便」と思うのは発想が貧しいと反省すべきである。敢えて不便な行為をして楽しめる、この余裕が戦前のサラリーマンや紳士諸氏にはあったのだ。寂しいぞ、情けないぞ、「実用」、「便利」に汲々とする現代人。それは「不便」に対し、体力的・精神的に耐えられない今日の男性の劣化の証しでもある。

③ステッキを持てば男らしく見える

精神分析のフロイトではないので、ステッキをそのまま「男性シンボルの象徴」などとは思わないが、ステッキはときに防御、攻撃の武器にもなる。実際「杖術」という武道の一ジャンルもあって、『ステッキ術』なる指導書も昭和初期に刊行されている(かつては珍本の類だったが、三年ほど前に復刻された)。

普段は静かでおとなしいが、ステッキは一旦急あれば激しい行動にも出る。雄々し

いではないか。

④ステッキは危険を察知するセンサーである

藪などを歩くとき、ステッキは、葉や小枝を払い、ぬかるみの深さを計り、障害物をのぞくパイロット的役目を果たす。かつての旅人は杖によって毒蛇をよけ、河の深さを知り、道の凹凸を知った。杖を手にしていない旅人の姿など考えられない。いずこかに歩いて出向くことを古語では「杖を曳く」と表現している。「ころばぬ先の杖」でもある。

⑤群集の中で、ステッキは人を導くサインの役を果たす

これはぼくの経験。友人たちと中国への旅行の際、ドロボウ市場で骨董を物色した。そのとき、つい群集にまぎれ、仲間の集団からはぐれる人がいる。それで、現地で入手した、取っ手が鳥の姿のステッキを時々、高くかかげることにした。「はとバス」のお姉さんの手にする旗がわりである。これが目印となって人ははぐれる心配をしないですむことになった。

⑥ステッキは贈答品として特別な意味を持つ

これもぼくの経験からの実感なのだが、少し変わったデザインのステッキを贈られて嬉しがらない男はいない。ステッキを手にする習慣がまったくなくても、なんとなくニコニコする。

後に、少しくわしく例を出すが、戦前の文士は、よくステッキをあげたり、もらったりしている。一生もののステッキのやりとりは、友情と信義の証しだったのだ。

⑦ステッキはそれを持つ人の分身の役を果たす

最近、ステッキを手にする人で強烈な印象を与えているのは、「生涯一ロックンローラー」の内田裕也氏ではないか。シルバーのハンドル部分ではなく、その下、三十センチあたりの軸（シャフト）を、胸の前あたりで握ってインタビューなどに応じている。今では、あのデザインのステッキを見ると内田氏を思い出してしまうようになった（だからぼくは、あのデザインのステッキをあのスタイルで持つ勇気はない）。ステッキはその人の分身であり、キャラクターを発信する。無言のアピールが可能なのだ。

⑧ステッキを持つと周りの人が親切にしてくれる

若き紳士がステッキを持つ習慣がなくなってしまった今日では、ステッキを手にするのは老いた人か体に不具合がある人と見なされる。だから、ステッキを手にしているだけで、電車の中では座席は譲ってくれる、横断歩道では車はじっと待っていてくれる、劇場などでは丁重に案内してくれるし、ときには美しい案内嬢が手を貸してくれる（かもしれない）。

⑨ステッキは持つ人の手の延長であり忠実な部下である

のちに紹介するが、徳富蘇峰（とくとみそほう）はステッキの頭の部分で、前にある人力者の車夫の頭をこづき、内田百閒（ひゃっけん）は駅のガラス戸をコツコツと叩く。鷗外は電車の吊り輪にステッキの取っ手の部分かけ、これにブラ下がる。ぼくは事務所のデスクとデスクの隙間に落ちたホチキスや定規をステッキにガムテープをくっつけ、拾い出す。まさに「××とステッキは使いよう」なのである。

⑩ステッキは無言のよき伴侶であり、心身の癒しをもたらせてくれる

子供のころを思い出してみよう。道を歩くとき、なんでもいい、枝か棒切れのようなものを手にすると、なぜか、楽しい気分になった。「自由の気分」が何倍か増すのである。大人になってもその心理効果は変わらない。また、人はステッキを手にしていれば孤独な心は、多少なりとも薄まるのである。ステッキが無言のよき伴侶であり同行者であるからだ。

ステッキは持ち主の心身を癒す心優しい友でもあるのだ。

Part 1

余は如何(いか)にして
ステッキ収集家となりし乎(か)

コレクターのほとんどはハンターである

多分、退屈が原因だと思う。

いや、ぼくの収集癖が発症した原因なのだが。

退屈をもてあました人間は（特に男性は）、往々にして「狩」に向かう。学校の勉強にも身が入らず、時間を共にすごすガールフレンドなど望むべくもなかった中学時代のぼくは、一時、植物採集に夢中になった。

腰のベルトには根掘り、肩からは大きな楕円筒状の「胴乱」を下げて、あるときは市川・国府台の江戸川べり、また、あるときは武蔵野・深大寺周辺へと、それこそ目を皿のようにして歩きまわり、土手や石垣に生える見知らぬ草や、シダ植物を採取しては、ていねいに胴乱に入れ、家に帰ってから新聞の間にはさんで標本づくりに精を出した。

高校に入って、植物採集に飽きるころには、自転車で古本屋さんを回りはじめ、鏑木清方、木村荘八、安藤鶴夫、正岡容といった東京恋慕の随筆集や、三枚続きの錦絵の端物などを漁りはじめることとなる。

これもまた、古本屋さんをフィールドとした「採集」であり「狩」であった。

つまり、ぼくの場合（多くのコレクターの方々もご同様と思うが）収集の前に、まず「狩」、「採集」ありき、だったのである。コレクションに先立ってハンティングがある。

「狩」は退屈を忘れさせてくれる。なにかを必死でさがし求めているときには淀んだ心が生き返ったようになる。

コレクションの前提として、ハンティングが大切なのである。ハンティングが、心をときめかせてくれるのである。

対象は一つとはかぎらない。コレクター（つまりハンター）の多くは、たいてい、いくつものテーマに手を染める。私もご多分にもれず、古本は当然、明治石版東京名所絵、隅田川関連刷り物、木版刷り見立て宝船、戦前の団扇絵（うちわえ）、瓢箪（ひょうたん）もの、あるいはオリジナル版画による好色蔵書票などにも手を出したこともある。

ぼくなりに時間もお金もそこそこかけたものもあるし、好色蔵書票のように百点ほど集めてすぐに飽きてしまったものもある。

また、コレクションの中には、日本で集めることができるものもあるし、瓢箪ものように、中国へ行けば圧倒的に集めやすい物もある。いや、瓢箪の場合は、中国へ何度か行って古物店などをのぞきまわっているうちに気づいたアイテムである。もしも中国へ旅をしなければ、多分ぼくは、とりたてて瓢箪ものなど集めはしなかっただろう。

ステッキも同様である。

さしたる目的もなく、ほとんどが人に誘われるまま、しかもほとんどがスポンサーづきで、海外をあちこち旅行しているうちに、ステッキという物件が浮上してきた。と、いうより、いつのまにかステッキを購入していて、それが、二度、三度重なるうちに〝ステッキ意識〟に目覚めることとなったようなのである。

「おもしろいステッキを見つけたら手に入れよう！」と思いだしてから、ぼくの旅にも、一本、軸（シャフト）のようなものが通った気がしている。

現地で買って来たステッキを手に取れば、その旅のシーンがよみがえってくる。この場合、ステッキは、ぼくにとって、「棒（シャフト）状の旅の記録ビデオ」といえる。

そして、現物のステッキへの思いが生じると同時に、かつての日本人が、年若くしてもステッキを手にしていたことを、たとえば竹久夢二の挿画を始め、主に大正から昭和初期の漫画や写真によって気づかされ、ステッキについての画文も集め出した。

◆ 夢二描く恋人たちとステッキ ◆

①よく見なければ気がつかないかもしれないが向うに見える男の手にはステッキ。

②見下ろす下には犬を連れたカップルが。男は左手にステッキ、右手に女性のパラソルを。

③語らうカップル。男の膝元に細いステッキが。①〜③まで『絵入小唄集　三味線草』（大正４年・新潮社刊）

④これは夢二風ではあるが、はたして？大正末と思われる絵葉書。ソフト帽にハイカラーのシャツ、そして手にはステッキ。（画家不詳）

世界に杖曳(ひ)けば、杖と出会う

アジアは龍である。

北京、上海、杭州へは、幾度となく旅をした。ほとんどが、絵に描いたような観光旅行である。古い街区の路地を歩き、ガソリンより安いという酒を飲み、現地の料理に舌鼓をうち、筆や硯(すずり)を求め、足裏マッサージに通い、また通称・ドロボウ市場や古玩城（アンティークデパート）を物色する。もちろん陶磁器にも目が行くが、ステッキの存在も忘れはしない。

学校の校庭よりも広いドロボウ市場でもめぼしいステッキが見当らないこともある。あるときには、町中の二店、三店の古道具店の片隅に二、三本ポツンと立っていることもある。おもしろいことに、そのほとんどがハンドル（「柄」、「取っ手」の部分。あるいは、ここを「グリップ」「ヘッド」などと、そのデザインの雰囲気で、それぞれ表記することにします）が龍の頭部をあしらったものなのだ。材質は木製や、なにかの骨でできたもの、あるいは洋銀や銅といった金属製。

龍の眼の部分に赤い宝玉のようなものをはめこんだものや、口に玉をくわえたものもある。龍は中国では神霊視され、運が上向く縁起がよいものという。

中国ばかりではない、タイのバンコックのスーベニールショップで見つけたステッキも柄の部分は龍が牙をむき出していたものだった（もっとも、同じ店には、棒にコブラがぐるぐる巻きついた、グロテスクで、とてもじゃないが街に持って歩けるようなシロモノではないステッキもあったが――もちろん、こちらも入手）。

ところで、中国にはステッキの中に剣が仕込まれたステッキがときどきある。ぼくも龍のハンドルの仕込み杖と、もう一つ、これは杭州の古物街で見つけた、柄が寿老人（？）で杖に「福」の文字の百のバリエーションが彫られた（百福ですね）、銅製のステッキを入手したことがある。

そのときは、グループの中の一人、目の利く作家のIさんが、そのステッキに気づいてくれ、手に取ると、バランスに妙な違和感があったので、「もしや」と思って、あたりをつけたところを引っぱると、案の定、それは剣の仕込み杖であった。

これを旅行団長の嵐山光三郎氏に見せると、「なるほど、仕込みの杖ですか。しかし、これを日本に持ち帰るとなると、重盛翁は人品骨柄、いかにもうさんくさい。絶対、通関でストップかけられる。これはぼくが持っていってあげよう。ぼくなら大丈夫だから」ということになった。

嵐山氏、係官の前でわざとらしく体の不自由を装いながら、その寿老人の顔のステッキを突きつつ歩いてゆく。(ヘタな役者の演じる『宝島』のジョン・シルバーだな)と思って見ていたら、はたせるかな、通関のX線で、もろに仕込みと露見、別のカウンターに呼ばれ、係官と三十分以上、あれこれ問答があった。

結局、仕込みの部分をテープでがっちり封印して許可ということになったのだが、通関のカウンターを離れるときも、もちろん、杖の必要な不自由な体を演じつつ歩き、その上、一緒に旅した麗しき銅板画家・Yさんの肩を借りるという芸の細かいところまで見せたのである。一方、空港側は車椅子を用意、Yさんはその車椅子をシズシズと押して行くという美しいシーンとなったのでした。そんな思い出のある仕込み杖。

イギリスはステッキの本場

この旅の主目的はスコッチの醸造元めぐりと、ロンドンのバーを勝手に格付けをするという趣向。先導は当時、サントリーの宣伝部のW氏。このW氏、作家・開高健とスコットランドで鮭釣りをして、開高氏から〝デューク〟の称号を与えられたというイ

◆龍のステッキ勢ぞろいと寿老人？◆

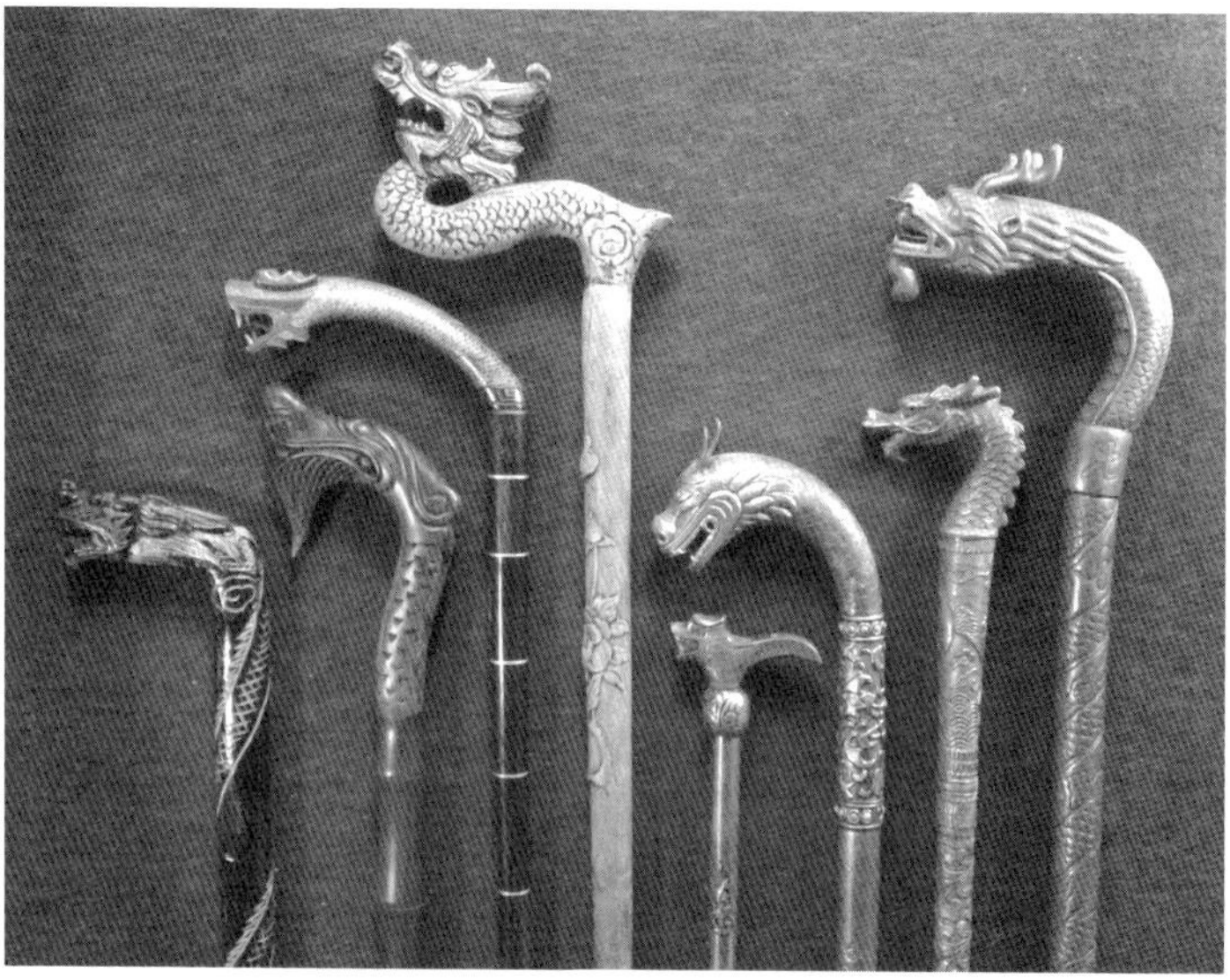

龍は運気上昇のシンボルで縁起がよいためか、中国には握りが龍のステッキをよく見かける。しかも多くは口中に玉をくわえている。しかし、これらを手に外出するには少々勇気がいるでしょう。

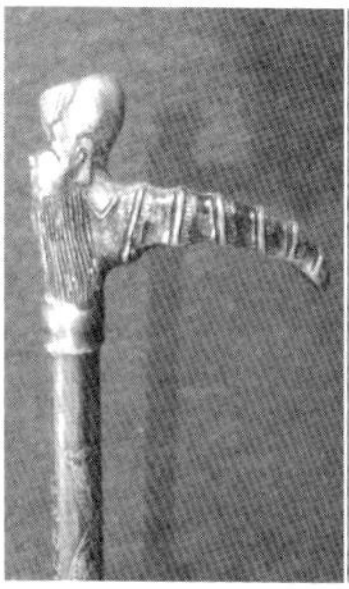

ヘンテコな顔の握りがついた銅製の杖。

正面の顔はこんなカンジ。寿老人？

軸にはビシーと百の「福」の字が。

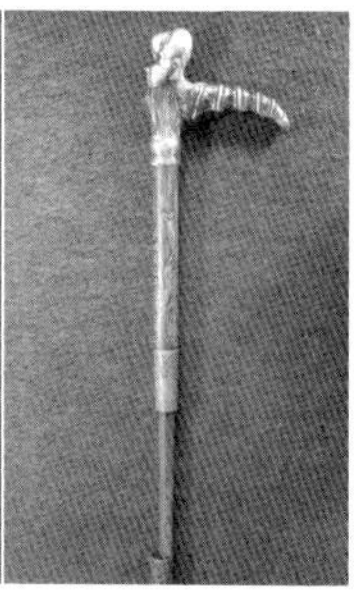

ところが引き抜くと仕込みの剣だった。

ギリス通のご仁。

このW氏の案内で、このときも嵐山氏とともに、かつて開高氏がたどったスコッチの醸造元とバーをめぐり、スコッチ三昧（ざんまい）の日々を楽しもうというもの。

この旅では、ぼくは当然、もう一つの成果を期待した。イギリスでのステッキの入手である。ジェントルマンにステッキはつきものである。十分に期待できる。

実際、ロンドンで、高級そうな紳士用品の店を見かけたので入ってゆくと、傘の横に、ありました。いかにもイギリス紳士が手にしそうなステッキが。

その店でぼくが入手したのは、一本は細身の傘が仕込まれているステッキ。もう一本は、純銀のグリップと、杖の中に、細長いボトル（フラスコ）と二人分の、これもまた細長いグラスが仕込まれているもの。

この銀製のグリップの〝バー・ステッキ〟は「香港一流ホテル三泊四日の旅」のツアー料金と同じくらいの値段がしたが思い切って入手した。日本で買えば、その五、六倍することを知っていたからだ。（――と、ここまで書いてきて……いや、このステッキはロンドンじゃなくて、イタリアで入手したものだったのかもしれない。そうだ、フィレンツェで見つけたのだ。望遠鏡付きのステッキ二本をロンドンで買ったのと記憶が混乱していた）。

ロンドンの骨董市でも、いろいろな仕込み、仕掛けのステッキを見かけた。杖のヘッドに望遠鏡ではなく、双眼鏡のついているもの（競馬の観戦用かしら）やコンパス（羅針盤）のついたもの（方向音痴の散歩者向き？）、あるいはダイスが仕込まれたものなどなど。

しかし、ぼくが見かけたものは保存があまり良くなく、しかもそれまでにロンドンで望遠鏡付二本、スコットランドで鹿の骨（？）の柄のついたのと、いかにも牧童の持ちそうな素朴な杖、計四本を入手していたので、自制してしまった。

もともと杖を四本も持ち歩く旅は、あまり尋常なこととはいいがたい。

ところが……。

エジプト・カイロでは盗掘者の気分だった

エジプトでは、定番の、ギザのピラミッドやスフィンクスを見たり、カイロの迷路のような城塞都市をウロウロしたり、〝ご禁制〟のワイン（これが、たしか、あの『ルバイヤート』の作者名（オマル・）ハイヤームという名のワインだった）を飲んで楽しんだのだが、もちろんカイロの考古学博物館にも足を運んだ。

どこの博物館、美術館に行ってもそうなのだが、ぼくはまず、そこのミュージアムショップをのぞくことにしている。そして、これは、と思うものがあったら迷わず、その時点で手に入れてしまう。

海外の美術館の場合、展示してあるものだけでストックがないことが多い。「帰りに買えばいいや」と思っていたりすると、あとから来た客に買われてしまったりする。一期一会の旅行中の身の上としては、「注文して、後で」というわけにはいかないのだ。

ところでカイロの考古学博物館、ここのミュージアムショップに古代エジプトのレプリカをヘッドとしたステッキの数々があったのです（プロローグでちょっと触れました）。これら、いわゆるスーベニールショップのような安っぽいものではない。ヘッドや要所要所はすべてブロンズ製で、ズッシリ、しっかりしている。

興奮しました。買いました。ヘッドがツタンカーメンのもの。鴨の頭部のもの。王妃ネフェルティティの肖像のものなどなど。「これはあの人に、これは彼に」と思って、十二本も買ってしまった（ほとんど買占め。下品な行為である）。イギリス旅行に行ったときの、〝杖を四本も持ち歩く旅は尋常なことではない〟どころの話ではない。

ミュージアムショップの人は、心なしかけげんな表情を浮かべながらも、六本六本、

◆ イギリス、エジプト旅行の途上で ◆

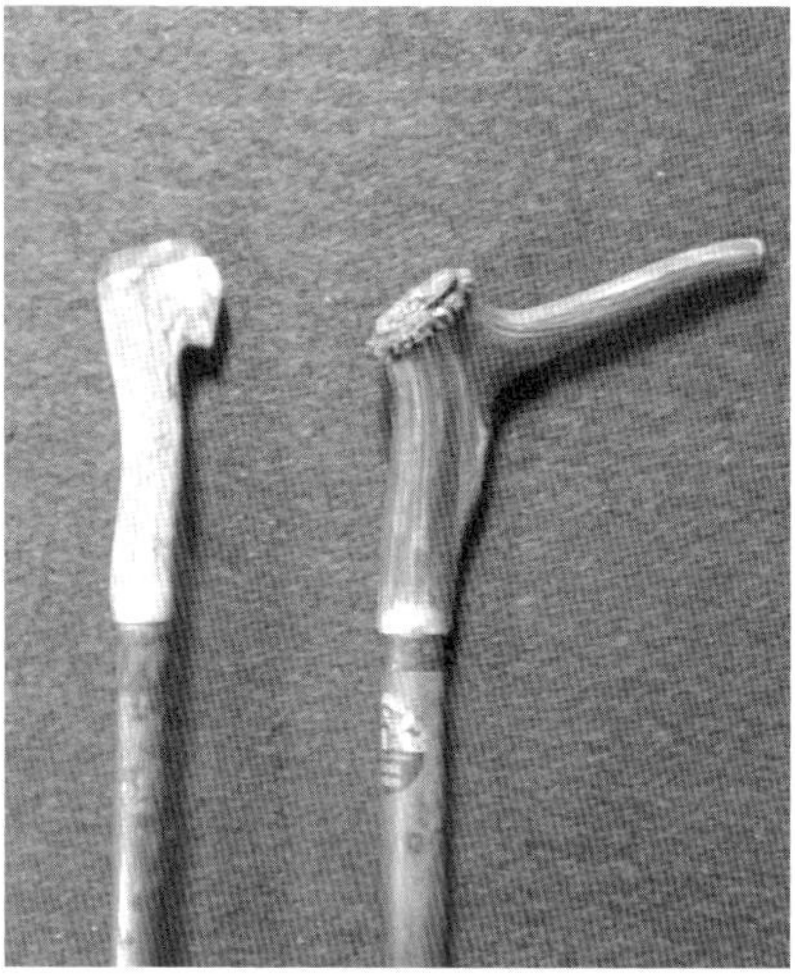

左の鹿の骨の握りはスコットランドで、右のキツツキに似たのはオックスフォードで入手。

キツツキステッキはヘッドの飾り部分をずらすと細長い隠し穴があった。

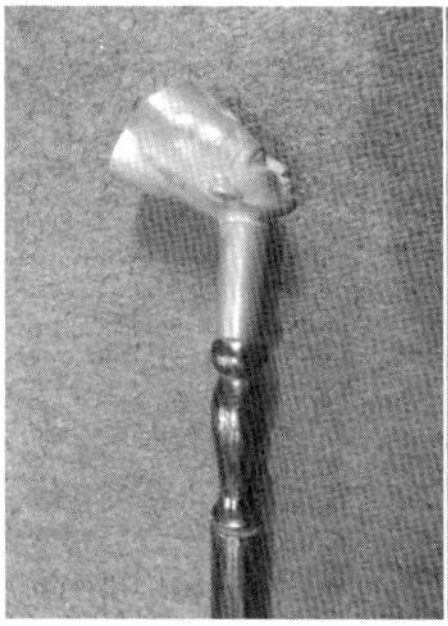

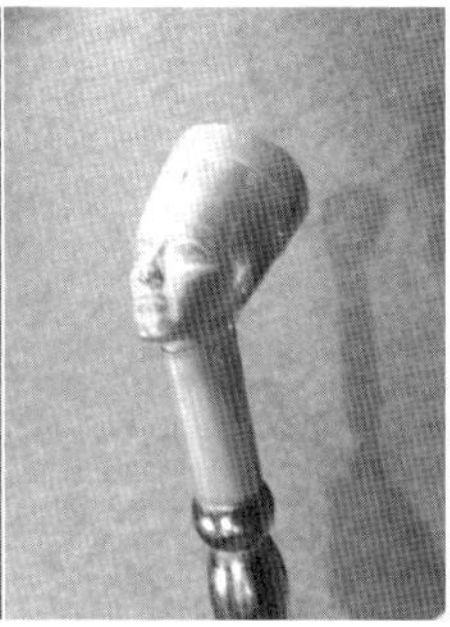

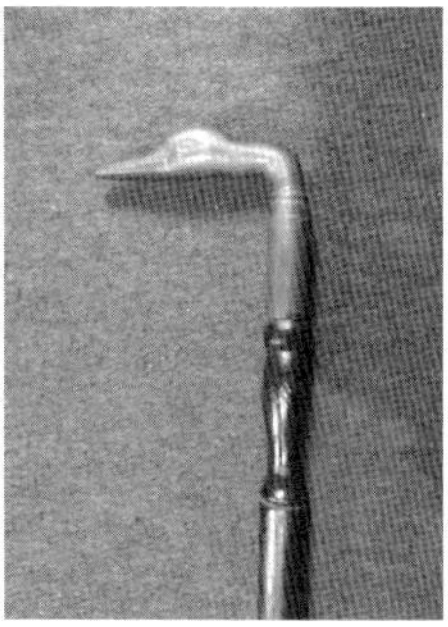

これがカイロの考古学博物館のミュージアムショップで入手したブロンズ製のステッキだ。他にツタンカーメンの頭部の物も購入したのだが、なぜか、いつの間にか手元にはない。差し上げたけど不要な人がいたら下取りします。ご一報を！

二つの束にまとめてくれたが、これを、博物館の階段を降りて、道路のタクシーまで、両脇にかかえて運ぶだけでも大汗をかいてしまった。

必死になって大量の古代エジプトのレプリカの杖を運ぶ怪しき我が姿、場所が場所だけに、これはもうほとんど盗掘者そのものではないか。気分だって、なぜか少々、あさましく、うしろめたい。しかし、このカイロでの行動により、そののちは、ステッキ大量購入に対する自制心は取りはずされることとなった。もう、何本でも怖くはないぞ、という自信(?)である。

イタリアでのステッキ入手の話は、のちに少しくわしく記すので、ここではスペインでのステッキさがしの一件。

スペインのステッキは装飾的で遊び心に富む。

スペインはコルドバ、かつてのイスラム寺院・メスキータの横、ホテル・アダルベに宿泊。そこから、坂を少し下ったところの骨董屋に、ありました! まるで祭司が手にするような洋銀に細かい装飾のほどこされたステッキが。

これが実は仕込み杖。スルスルと抜くと、細い剣が出てくる。もちろん剣の先は丸く矯(た)めてある。しかし、中国の仕込み杖もそうだが、こういう剣の仕込まれた杖は、あの9・11以後の今日は、機内への持ち込みはまず、どれも不可能と思われる。こんな時代になる前に、仕込み系のステッキを入手しておいてほんとによかった。世界が物騒になってくると道楽者は出る幕がない。逆に言えば、道楽者が、フラフラ横行できる世は平和なのである。つまり道楽者は平和の象徴といえる。まあ、単なる無用者ともいえるが。

それはともかく、コルドバ以外にも、その後、トレド、カセレス、メリダといった古い都市のパラドール(古城などを改装したスペインの国営ホテル)を、日本を代表する某エレクトリック企業の元宣伝部長のNさんと泊り歩いたときも、いくつかのステッキ店に遭遇した。骨董店ではなく、新品のいろいろなデザインのステッキが日本の五分の一から十分の一の値段で売られている。

日本で二〜三、四万するステッキがせいぜい三〜四千円。デザインや材質のバリエーションが豊富で値段が安い。スペインはイギリス、イタリアとともにステッキ文化のレベルが非常に高い。

しかもこの時は、ステッキ買いのライバル、日中囲碁界の橋渡し役ともいえる宮本直毅(なおき)九段と行動を共にしたので、さらに拍車がかかってしまった。

その他、オランダのユトレヒト、ライデンでも、またフィリピン・セブでも、あるいは国内の銀座、荻窪、飯田橋、はたまた草津でも……今日まで買ったステッキはゆうに百本は越えている。

そのうち、海外旅行のお土産として配ったり、ギックリ腰になった飲み友達のお見舞い品としたり、立ちくらみ症の麗人に永久貸与したり、ある文学賞をとった友人に記念に謹呈したりして手元に残ったのは五、六十本ほど。その一本一本どれもが、それぞれの楽しいシーンを思い出させてくれる「記憶再生杖」なのである。

心屈（こころくつ）する日の昼下がりなど、そのうちの何本かを取り出してはボロタオルで、ヘッドや軸の部分をやさしく磨いたり、その装飾や彫刻をじっとながめたりしていると、なにか古い友と語り合っているような気持ちになる。

数からいえばコレクターともいえない量だろう。しかし、我がステッキ、一本一本のいずれにも思いがあり、手離しがたい。

しかも、これからも旅先などで、これはと思うものがあったら、まだまだ欲しくなるだろう。ぼくは、自分の中の懲（こ）りない狩猟本能を恐れる。ステッキが部屋の中に立ちならぶ光景、というのも考えてみれば妙なものではある。

はてさて、どうしたものか。

Part 2

ステッキほど素敵（ステキ）で不敵（フテキ）なコレクションはない

ステッキはメッセージを発信する

かつての仕事仲間の後輩でベストセラー作りの名人、荒井敏由紀君のご招待・激安イタリアツアーでの一日。ローマのスペイン広場にほど近い、ガンベロ通りというショッピングストリートを歩いていたとき、偶然、ステッキ屋の看板を見つけた。なぜか、「やった！」という気分になり、ワクワクしながら店に入っていった。

ぼくは、まだ年齢的及び身体上の都合からは、ステッキを必要としてはいない。ただ、今日、お年寄りか、体の不自由な人たちにしか手にされなくなってしまった、このステッキという物体に（なにか見忘れられたものだけがもつ）こっけいで、所在なげで少々寂しげな風情を感じ、興味と同情心を抱き、ポツリ、ポツリと買い集めてきたのだ。

――すでに、ちょっと紹介ずみだが中国の上海では、龍が赤い玉を口中にくわえている黒檀（こくたん）（風？）のステッキを買った。

タイ・バンコックでは、スーベニールの民芸品店で、太いコブラが杖そのものにぐるぐると巻きついている、グロテスクなほどリアルな細工のステッキを買った。このブツは日本にも輸入されていて、ときどき輸入雑貨店などで見かける。カイロで買った、エジプト古代美術のレプリカ・ステッキ、これも忘れがたい。好奇心にかられ各種デザインのヘッド、十二本も買ってしまったので、やたら重くて、ホテルに戻るまでに大汗かいた苦い記憶がある。しかも、その直後、どうやら、この杖の重みで、ギックリ腰気味になった。杖を買ったために腰を痛めて杖が必要になるとは、笑えるギャクではないか。

スペイン南部のコルドバは、じつに美しい街だが、ここのアンティーク屋には、なぜか仕込み杖を置いてある店が数軒あり、祭司が持つような精巧な彫金がほどこされた洋銀のステッキを手に入れた。勝新太郎演じる座頭市の仕込み杖のスペイン版か。この、美しいステッキについては、すでにちょっと紹介した。

ところで――あなたに心得がまったくなければ、仕込み杖は、店内にそれがあっても、ただの杖として見過されてしまうだろうが、少し慣れると、ふつうの杖か仕込み杖かは勘でわかるようになる。

まず第一のポイントは、やっぱり太さ。仕込みのある場合は、杖の中に、もうひとつ何かを仕込まなければならないから、どうしても太くなる。

次に、ちょっとアヤシイなと思ったらハンドルの部分をよくチェックする。ハンドルのヘッドの部分に細工はないか、また軸（シャフト）の上部に横筋の模様など入っていたら、仕込みのツギ目をカムフラージュするためのデザインではないかと、ねらいをつけるわけである。

あとは、傍らでこちらをチラチラと観察している店員に、手で杖を引き出すジェスチャーをして「仕込み杖か？」と目で確認すればよろしい。

以上、この要領を覚えておいてほしい。あなたが仕込み杖をさがそうと思ったときに、きっとお役に立つはずです。

仕込み杖の見つけかたのコツなど知っていても、何の役にもたたないって？　まあ、いいじゃないですか。

イタリアのフィレンツェでは、細身の傘（アンブレラ）が仕込まれているステッキと、スキットル仕込みのステッキ、ウオーキングバー・ステッキを買い求めた。これは多分、二本とも英国製だろう。

〝移動バー〟のハンドルや飾り部分は純銀製で、これはジェントルマンが持ってもおかしくはない格調がある。ジェントルマンならざるぼくは、まだ、このステッキを手にして街をそぞろ歩いたことはない。このステッキを持つなら、インバネスのコートと山高帽（やまたかぼう）を着用しなくては、と思うからでもある。

ロンドンは、よく知られるように不思議な物がいろいろ売られているところで、アンティーク屋や、アンティーク・バザールで、他にもいくつかの仕込み杖を見かけた。ハンドル部分のキャップを回してはずすとライターがついているもの。もちろん中にはシガー入れが。また、サイコロが入っているのも何度か見かけた。よほどギャンブルが好きな人のためのものでしょうな。コンパス（磁石）付のものや、双眼鏡つきのステッキは、さほど珍しくもない。となると買う、買わないは、そのデザインや保存状態、そして、なにより値段。

釣ざおが仕込まれているのを見つけたときには、さすがに、ウーム、とうなってしまった。ここまで仕込むかあ!? 散歩の途中で釣りをするのかあ、イギリス人は？という感心と、あきれ返り、思わず、フーッと溜め息がでた。

しかし、この釣ざお仕込みは、後日、谷中（やなか）の朝倉彫塑館（あさくらちょうそかん）でも見かけた。いるんですねぇ、こういう道楽者が。

ともかく、これらがはたして実用のためなのか、あるいは実用を装った、単なる物好きか悪ふざけなのか、判断つきかねる世界が、仕込み杖にはある。

少なくとも、ぼくに限っていえば、自分の持っている傘以外の仕込み杖を、これまで、一度も実用に用いたことはない。本棚の脇に、景徳鎮（けいとくちん）の大壺（もちろん現代物の景徳鎮もどき）に無雑作に投げ入れてあるのを、ときどき、あれこれ取り出してみては、仕込み具合を確かめたり、ハンドルを磨いたりしながら、ひとり悦に入ったりしているだけである。

いや、仕込み杖に限らない。これまであちこちで手に入れた妙なデザインのステッキを手にして外出することはほとんどない。あまりに目立ちすぎますから。ふだん手にするのは、やはり比較的マトモなデザインのもの。

ところで、ステッキを手にして街に出ると、いくつかのことに気づかされる。電車に乗ると、ステッキに気づいた人が、なんとなくソワソワすることである。席を譲らねば、と思うのだろうか。また、横断歩道の信号が黄色から赤に変わっても堂々とゆっくり歩ける、ということ。車がピタッと止まったままでいてくれる。

ぼくは、信号が赤に変わってからも、トボケてゆっくり歩いていたが、途中からいたたまれずステッキを小脇にかかえて、走り出してしまった。

とまあ、こんな具合に、ぼくとステッキの秘かな交情は続いているわけで、話は、冒頭の、ローマはガンベロ通りで見つけたステッキ屋さんに戻る。

店先に、ステッキと傘が林立している。傘には目もくれず、ステッキを一瞥する。ハンドルの部分が銀製ではなく、ステッキの軸も曲がったりしている。（安物ばかりだなあ)と、ちょっと失望。値段を見る。安物ばかりのはずだ。日本円で千円足らず。

では、と店内に目をこらすと、ムムッ、あるある。一見して、純銀製とわかるハンドルの物や、おっ、あれは金無垢（むく）かあるいは金張りか、という黄金の光を放つ物。グリップが象牙のアンティークのステッキもズラーッと並んでいる。期待感がふくらみ、動悸（どうき）が早くなり、気のせいか視力が上がってくる。旅先での行きずりの買い物は、獲物をさがしあてる嗅覚と、攻撃的にして貪欲な眼がなければなりたたない。

興奮をおさえながら、あれこれ、引き抜き、品選びする。ヘッドの部分が銀でAからZまで美しい花文字が彫られているもの(持つ人の名前の頭文字だ)、グリップにフェンシングやゴルフやボクシングのレリーフがほどこされている物。あるいは、カトリックの信者やイタリア人ならばわかるだろうが、世界の東のはずれの日本人のぼくには理解できぬ、なにやら宗教的と思えるシンボルが彫られている物などなど。手にとって見ていると、すべて欲しくなってしまう。

そんなステッキの林の中に、銀の取っ手のところに妙な図柄が彫られている物を見つけた。光を放つ眼と、三角形と、直角定規、そして「CIANT」という文字。

ステッキにつけられている札を見ると、一九三〇年と記されている。光を放つ眼が、いかにもダダかシュールレアリスム期の作品、マン・レイの写真かフランスの画家アンドレ・マッソンかピカビア（ちがうか？）のデッサンのように見える。

（なかなか、イカシテルじゃないか！）

とただちに購入。店のおやじさんが、うやうやしく、ラメ入り（！）の袋に入れてリボンで結んでくれたのをひったくるように手にして、荒井君や同行の速記者・竹井嬢との待ち合わせ場所の、「カフェ・グレコ」に急いだという次第。

日本に帰って来てからも、銀の取っ手の部分にサビがきはしないかと、ときどき袋から抜きだしては、そのダダ、シュールレアリスム風の図柄を見ては、そのときのイタリアの旅やローマのステッキ屋さんのことを思いだしたりしていた（楽しかったね、荒井君、竹井さん）。

ところが……。

先日、くだんのステッキを手にしていると、なにかそのステッキの図柄と、どこかで見た図柄が一致するような……ボヤーッとしたピントがスーッと合ってくるような気配がして、「あっ！」と思った。

その少し前、東京のデパートでアンティーク・バザールがあり、それをヒヤカシでのぞいて歩いたときに、ウインドウの中のバッジやタイタックに見かけた図柄！……直角定規、コンパス（三角形）……そうだ！　これは「フリーメイソン」の図柄の一種類

なんで、こんなステッキが!?

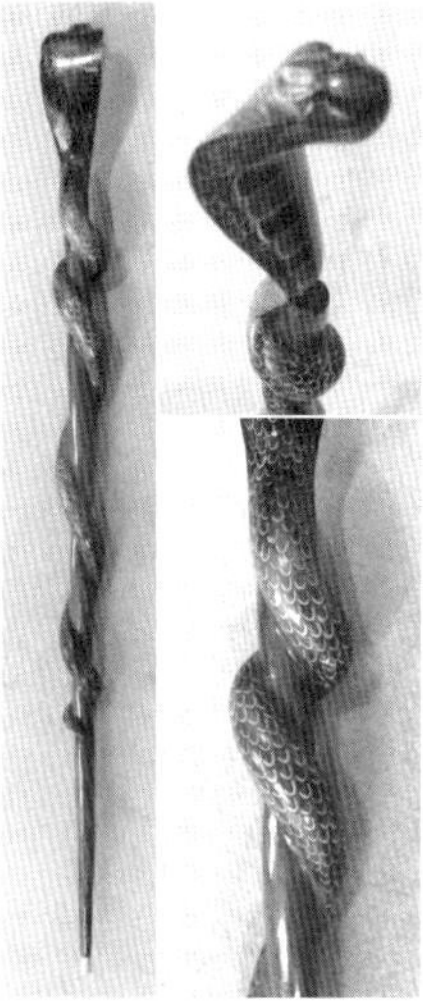

バンコックで見つけたコブラスッテキ。細工は見事！
しかし…これを街なかで持ち歩ける？

これがフリーメイソン（?）の図柄のステッキ。デザインがいかしている。このヘッド部分は純銀。

フリーメイソン杖を見つけたローマのステッキ屋には純銀製の握りにイニシャルが刻まれたものも。

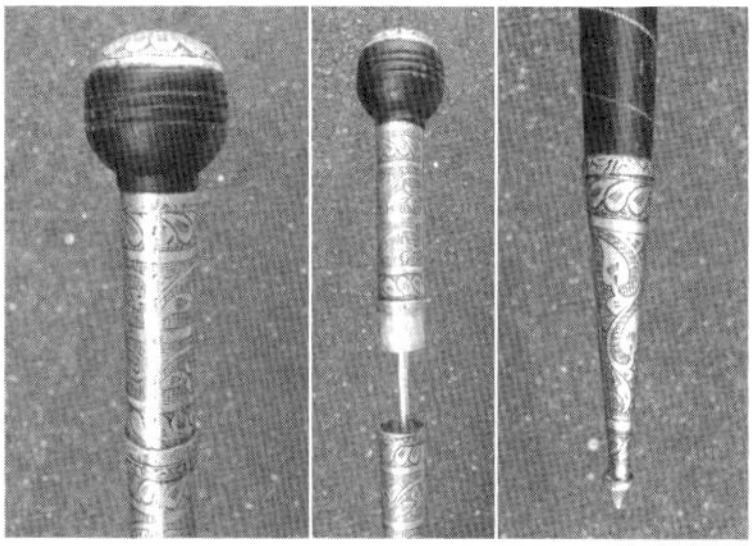

コルドバで出合った美しい彫金のほどこされたステッキ。これがごらんのように仕込み杖でした。石突きまで美しい。

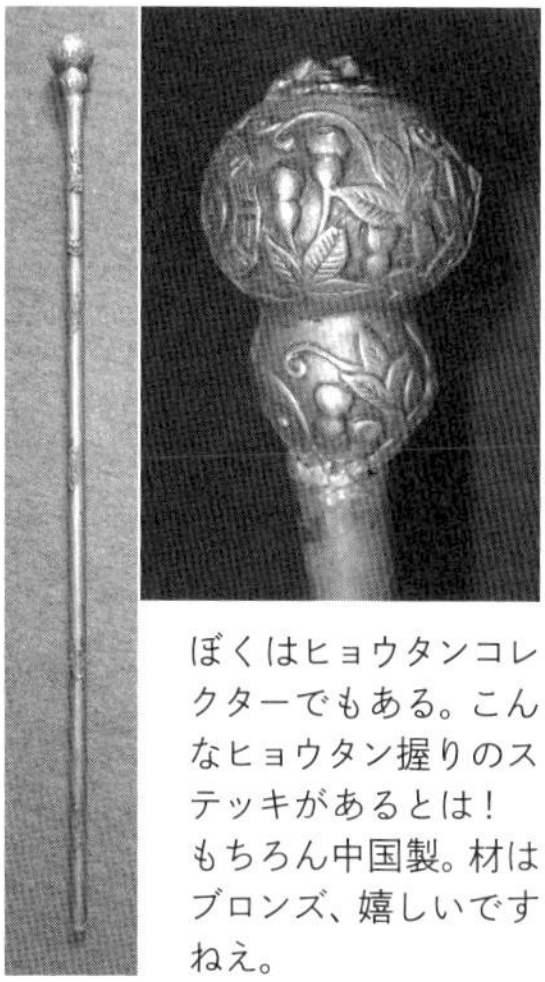

ぼくはヒョウタンコレクターでもある。こんなヒョウタン握りのステッキがあるとは！
もちろん中国製。材はブロンズ、嬉しいですねえ。

じゃないか！　それにちがいない！

ぼくは、ローマの行きずりのステッキ屋で、秘密結社といわれたフリーメイソン（マソン結社）の会員が持っていた（未使用の物のように見えるが）ステッキを手に入れてしまったのだ！（こんなものを手に入れてしまってわが身に、災難がふりかからねばいいが）と、恐れ半分、好奇心半分で、とにかくフリーメイソン関係のことを調べなくては、と本屋に走った。

フリーメイソンの法力（?・）は、なるほどすごい。カバーに、三角形と光りを放つ眼！　が描かれた『フリーメイソン』（吉村正和著・講談社現代新書）がたちまち見つかる。それにもう一冊、〈イメージの博物誌〉というビジュアルなシリーズ本の中の一巻『フリーメイソン』（W・マクナルティ著、吉村正和訳・平凡社刊）を入手。

この二冊のフリーメイソン本を引き込まれるように読んだ。

ゲーテ、モーツァルト、リスト、シベリウス、コナン・ドイル、ジョナサン・スウィフト、マーク・トウェイン、さらにフランクリンやワシントン、そしてあのマッカーサーもフリーメイソンの加入者だったとは！　そして日本人では、西周や内村鑑三も（!?）

そういえば、旧帝国ホテルの建築家、フランク＝ロイド・ライトもフリーメイソンだったと聞いたこともある。

それにしても、これまでフリーメイソンに対して、ぼくは（いやぼくだけではあるまい、多分、日本人の多くが）大いなる偏見を抱いていたことに気づかされた。フリーメイソンはたしかに、秘かな儀式を有する結社ではあるが、その教義や活動はオープンであり、なんらいかがわしいところは見当らないという。

ただ入会の儀式が秘儀めいている、というだけである。しかし、考えてみれば特定の集団の中に入り、その一員となるときに、ある種の儀式や試練があるのはフリーメイソンに限らない。今日、一流企業に入るときでも、そこには「新入社員研修」という〝秘儀〟があるではないか。

フリーメイソンが欧米の、とくに芸術、文化の歴史の流れの中で、大きな一要素となっていることを知り、とても参考になった。

また、〈イメージの博物誌〉の『フリーメイソン』で紹介されている多くの図版には強く引かれるものがあった。とくに十九世紀初頭のJ・ボウリング作による「トレーシング・ボード」のためのイラストレーションは、ルネ・マグリットの作品をさらに呪術化、記号化したような、実に不可思議な魅力に富んだものである。

さて、かくのごとく、一本のステッキが、思いがけずもぼくをフリーメイソンという、未知の世界に誘（いざな）ってくれたわけだが、現代社会の、とくに日本では、遊び心やオシャレの世界でのステッキは、今や死滅した観がある。まれに目にするとすれば……手品師かサーカスやミュージカルショーの中でくらいだろうか。

日本人も、かつて街行くときはステッキを手にしていた。とくに、一定の社会的地位のある紳士やシャレ者はそのステイタスや自分のライフスタイルの証明のようにステッキを用いていた。

そのことは戦前の写真や風俗画や、漫画を見ればすぐに理解できる。しかし、敗戦後の食うや食わずの生活は、日本人の男から、頭からはソフト帽を、手からはステッキを奪い去ったようだ。いや、日本にかぎらず、世知辛（せちがら）くなった世の中では、帽子もステッキも似合わなくなってしまったのだろう。

では、かつて、男は、五体満足であるにもかかわらず、なぜステッキを愛用したのか。

ちょっとした〝物好き系〟の読書人なら、その書名と著者名は知っておられるのではなかろうか。（ぼくが手にしているのは岩波文庫四つ星）『有閑階級の理論』（T・ヴェブレン著、小原敬士訳。現在、高哲男訳でちくま学芸文庫にも収録）。この本の中に、

「なぜ、男が、身体が不自由でもないのに、ステッキなどというものを所持するの

か」

という考察がされている。

ヴェブレンは、この『有閑階級の理論』一冊で〝一夜のうちに、アメリカの一流学者に仲間入りすることとなった〟(岩波文庫版「解説」より)わけだが、この書は、「有閑階級」の発生と成長、また思考や生活のパターンの特徴を、文化人類学、社会学、哲学、経済学などを縦横に援用して言及したもので、よくぞ百年以上も前に(原著は一八九九年刊)、これほどシャープな文化人類学的な考察ができたものだ、と思わせるほど面白い。

で、ステッキについては、こう言及している。

散歩用のステッキをもつという習慣は、たんに現代生活のひとつの姿と考えるならば、せいぜいつまらぬ些事のようにみえるかもしれない。しかし、この習慣は、問題の点にとって、ひとつの意義をもっている。この習慣がもっともゆきわたっている階級――一般のひとびとの頭のなかで、散歩用のステッキが、それに結びつけられている階級――は、固有の有閑階級のひとびと、スポーツマンおよび下層階級のいかがわしいものに、おそらく、金銭的職業に従事しているものを加えてもよいかもしれない。産業に従事している普通のひとについては、そのようなことは当てはまらない。また、ついでに、女性は、病気のばあい以外は、ステッキをもつことがない、ということを指摘できるかもしれない。(中略)散歩用のステッキは、それをもっているものの手が有用な仕事以外のものにつかわれているということを広告する目的に役立っており、したがってそれは、閑暇の証拠としての効用をもつ。しかし、それはまたひとつの武器でもある。だからそれは、その理由によって野蛮民族の切実な必要をみたす。このような具体的で原始的な攻撃手段を手にもっていることは、たとえわずかでも勇猛力をそなえているものにとっては、きわめて愉快なことである。

というわけだ。つまり、ヴェブレンによれば、ステッキを持つということは、そのことによって、「自分は、優雅な生活をする人間(あるいは逆に、無用・無頼の者)であって、自分の手を、俗な、実用のために働かせる必要などないですよ」というメッセージを発しているというのだ。

また一方では、それは攻撃、防御のための道具ともなり、それを手にすることは「きわめて愉快なこと」であるという。

つまり、「生活? 生活などというつまらぬことは、女中にまかせておけ」という、高踏的、遊戯人的、あるいは無用者、さらには無頼の者といったポーズを演出するも

◆「昭和の奇観」もステッキとともに―― その1◆

①阪本牙城画。ステッキ・ガールならぬポスト・ガール。なんて職業が昭和の初めにあったかどうか。そんなことより、ステッキを手にする彼のズボンの異様な太さ！

②「新職業婦人」として女流飛行家。この彼女、恋した彼を誘って駈落ちならぬ“駈飛び”をしようとしている。明石精一画。

③若い方は流行のマルクスボーイ、禿頭は国粋主義者。それぞれ手にしている本のタイトルがチラチラ見える。マルクスボーイは当然『唯物史観』(?)、国粋主義者の本は『国の華(?)』。老若双方、主義は異なれど手にするにはステッキ！細木原青起画。①②③とも『人生漫画帖』(昭和7年・大日本雄弁会講談社刊)

のだという。

なるほどなあ。フロイト学派風の「ステッキを持つのは、己のペニス・コンプレックスのあらわれである」よりは、説得力のある考察である。「有閑階級」に属する人々は、自らの有閑ぶり、無用者ぶりを自ら認識し、また他に顕示するための小道具として、ステッキを手にしたのか。

しかし、だとすると、かつてより、「有閑階級」ぶりも進行しているはず（?）の今日、なぜ、ポーズの小道具としてのステッキはすたれてしまったのだろう。

斎藤昌三著の『変態蒐癖志』（昭和三年・文芸資料研究会刊）にあるように、――徳富蘇峰が「旅行先で必ず蒐集するという」ステッキ。数年前、神田・神保町の大雲堂書店の棚で見かけたように、『ステッキ術』なる本が出版されるほど隆盛をきわめたステッキ文化が、なぜすたれてしまったのだろう。ぼくは、戦後の日本の場合は敗戦による社会状況の変化、とくに通勤電車の悪条件を主な理由と考えたのだが、世界的レベルでは人が車に頼り、歩くことが少なくなったからかもしれない。

歩かなければ、ステッキは必要ないから。

ところで、ぼくとステッキのことだが、少々、世の笑われ者となったとしても、ぼくは、そろそろ、手元のステッキを、あれこれ、とっかえひっかえ持って歩こうかと思っている。もちろん、そんな齢でもないので、ステッキが似合わないのは十分に承知している。キザでイヤミな自己顕示と思われるかもしれない。

しかし、いいじゃないですか。せめて五体満足のうちに、かつての有閑階級のポーズとしてのステッキを持ち歩く。

「オレは村じゅうで一番、モボだといわれたオトコー」とエノケンの「洒落男」の唄なんかを心の中で歌いながら、インテリジェント・ビルとかいう建物の林立する、見掛け倒しの、〝砂糖細工〟の都市を歩いてみようと思っている。

なに、現代的都市とかいっているけど、都市の風景なんか、ステッキをついた妙な人間がひとり歩いてゆくだけで、けっこう蝕まれてしまうものなのだ。

以前、きわめて街をゆっくり歩き、人からどんどん歩き抜かれてゆくことだけで、都市の底（ボトム）に降りることができたと感じた経験があるが、ステッキ一本で、現代都市をオチョクルことも不可能ではないと思っているのです。

ステッキは素敵（ステキ）なだけじゃなく、不敵（フテキ）なものでもある。

ステッキとステッキ文芸コレクションで行こう！

なんでステッキなんだ？

そんなこと知るか。とにかく気がつけば、この無用の長物、ステッキに関心を持っていた。気がつけば、旅行先のあちこちで、その国固有のデザインのステッキを入手していた。カサばるんですよ、旅行中にステッキを何本も買うと……。

また、主に昭和初期の漫画集などに、ステッキを手にするモボの姿が目にとまると、そこに付箋を貼ったりしてきた。

井伏鱒二や小島政二郎の文章を読むと、これが、なぜかステッキの話がでてくる。

そうなりゃ、しょうがないでしょう。少しは本腰を入れて、ステッキについてのあれこれもコレクションしなければ。で、こういう仕儀となった。

井伏鱒二の『風貌・姿勢』（講談社文芸文庫）を読んでいたらステッキの話に出くわした。うれしい。「今日出海」と題する一節である。

◆「昭和の奇観」もステッキとともに── その2 ◆

①昭和初期「夫婦甘辛風景」と題する田中比左良画。この絵の興味ぶかいところは、口笛を吹く若い女性の腕に専ら男性のものと思われていたステッキがぶら下がっているというところが珍しい。『人生漫画帖』(昭和7年・大日本雄弁会講談社刊)。

②この絵の見どころは、よく見るとツギの当たっているような(サラリーマンらしい)男の手にもステッキはちゃんとあるという点。山田みのる画。酒井忠康・清水勲編『大正前期の漫画』・筑摩書房刊より。

> よほど以前、大ぜいの会合があったとき、今日出海は私に籐のステッキをくれた。そのとき彼は大ぜいの人びとにきこえないように囁いて、このステッキは柄の継目のところを握らなくては直ぐに柄が抜けるのだと注意した。それはサアベルみたいに曲ったステッキで、品物が悪いから曲がったのである。

と、つまりは、あまり上物ではない〝品物が悪い〟ステッキを、今日出海からもらったエピソードを書いている。この後、このステッキがちょっとした出来事を引き起こすのだが、それでも井伏は、そのステッキに対して、

> 私はそのステッキを愛用したが、私の愛用品は友人たちのステッキに比較すると劣等であった。

と「愛用」していると言いつつも、やはり〝品物の悪さ〟にこだわらざるをえない。そして周りの〝友人たちのステッキ〟の論評をする。その、井伏の、横目で、人のステッキをうらやましげに見ている雰囲気がなんともいえないおかしみがある。

――堀辰雄のステッキは、握りの部分がパイプを作る堅い材でできている上等の籐のステッキで、室生犀星からもらったもの。

小林秀雄のステッキは志賀直哉からもらったもので、材質はさだかならぬが上等品である。

中村正常のステッキは、黄楊（つげ）の木で簡素な加工を施してあるが、これも上等品で、中村はそのステッキが由緒ふかい品であることを得意げに吹聴（ふいちょう）している。

永井龍男のステッキは黒褐色の材でできたもので品物も立派であるし、また、それを持って歩く姿も堂にいっている。

そして、この井伏の一文は、こう締めくくられる。

> ところが先日、牧野信一氏は私のステッキを見て、そんな憂鬱なステッキをつくのは止（よ）せといって、彼の所有する花櫚（かりん）のステッキを私にくれた。このことを今日出海にしゃべると、日出海は口をとがらせて何か言いたげであった。

フ、フ、フ。なんとなくわかるなあ、そのときの今日出海の表情。

それにしても、当時の文人たちは、なんとまあステッキと仲良しだったことか。そして、ステッキがある種の〝贈答品〟の一つとして、人にあげたり、もらったりという、人と人とを結びつける物として、かなり重要な地位を占めていたことが、この一文で知られる。

ところで井伏の作品の中には、他にもステッキが登場する。この人、わりにステッキにこだわりを持っていたのだろうか。

「蒲団屋の来訪」（講談社文芸文庫『仕事部屋』に収録・昭和六年作）の冒頭――、

私のうちでは家庭争議のあるたびに、私が散歩に出て行く慣わしである。

（中略）

こんな不愉快な家には一刻もいることができない！　そういう考えで私は喧嘩口論を途中で止し、論敵を部屋のなかに置き去りにして、あわただしく玄関の土間へとび降り、ステッキを持って外に出てしまうのである。したがって、そういうときの私の散歩姿は、帽子を被らないでステッキを恰好わるくふりまわしながら、急ぎ足に歩いている。

ということになるらしい。

不機嫌な人の手にあるステッキというのは、なにか剣呑な気配のするものではないだろうか。

そういえば川崎長太郎の『抹香町・路傍』（講談社文芸文庫）に収録されている「徳田秋声の周囲」という作品に、怒りと周章の徳田秋声の手にあるステッキの記述がある。

五月なかばのことです。その日はお茶の水駅で電車を降り、森川町邸へ行こうと、私は電車通の片側をてくてく歩いていました。

と、向うから秋声先生でした。セルにひと重羽織といういでたちで、頭にグレーの中折帽子をのせ、手に水牛の角が握りになっている派手なステッキつき、

青年のように両肩怒らせ、何んか穏やかでないその脚どりでした。(中略)

「どこへ、お出かけです?」

「あの一寸ね。——順子を探しに行くところなんだ。——KやGも、朝から手分けして探しているんだ」

と喰ってかかるようなもの謂です。

——大変ですなあ、秋声先生。自分よりうんと年の若い例の、「〝順子〟問題」で振り回されている様子が伝わってくるようである。「派手なステッキ」というのも、なんか年齢とはそぐわない華やかさ、いや、生まぐささも感じられるし。

その点、井伏の自伝的作品は、毒抜きがしてあって読む方は楽ですね。リアルな愁嘆場など、まずないし。

では、また井伏の作品に戻って、またもやステッキ話。

「戸田家畜病院」(講談社文芸文庫『仕事部屋』に収録・昭和六年作)

これは、次のような一文から始まる。

あまり人びとに知られたくない事情のもとに、私は一箇月間ばかり私の家庭から自分自身を放逐していたことがある。

そして、「戸田家畜病院」という、無免許にちがいないと噂のある家畜病院の二階に間借りすることになる。どうやら家族とは没交渉での〝プチ家出〟のようである。ところが、家に置き残してきたものに心が動いたのか、間借りしている家で小事件があった翌日、こんな行動に出る。

――翌る日の朝、私は目をさますと直ぐに外出した。そして変則にも、いつものように軽便ランチ屋に寄らなかった。若し都合よく行くならば、ステッキと夏の衣物と額縁とを、私の家庭から持ち出したい考えであった。

夏の衣類は必需品である。しかし、ステッキと額は〝家出〟にはなくてはならぬ物なのだろうか。そう、その二つとも、なくてはならぬ物なのだ。この〝私〟にとっては。いつもながめていた額と、愛用していたステッキが手元になくては、やはり寂しいのだろう。

男というものは困った生きものである。所帯を持つほどの関わりを持った女性がいなくても寂しくない、どころか、そこから逃げだしてしまうくせに、絵の額やステッキがないと、寂しくてしかたがないのだ。

小説の中の〝私〟ではなく、井伏鱒二自身が登場するエッセイがある。もちろん、ステッキに関するエピソードで。

◆こんなときでも手にはステッキ◆

①どうやら、このサラリーマン風の男性、旅行中のよう。左手にスーツケースをぶら下げ、右手には鞄。それでもステッキ無しの格好はありえないらしく、小脇にかかえている。「そこまでしてステッキを持ちたいのですか？」と聞きたくなるくらい。それほど、紳士にとって装身具としてのステッキは必需品だったのだろう。田中比左良画。『滑稽諧謔教訓集』(昭和4年・大日本雄弁会講談社刊)

②こちらの男性もなにやら荷物が沢山。しかし脇にはステッキが。麻生豊画。『嫁を探しに』(昭和4年・現代ユウモア全集刊行会刊)

③この紳士はステッキ手に駆け出している。よく見れば②と同様、背景には列車が。ラッパズボン着用だから若いサラリーマンか。長崎抜天画。『現代世相漫画』(昭和3年・中央美術社刊)

小沼丹（おぬまたん）『小さな手袋』（講談社文芸文庫）に、そのタイトルも「ステッキ」という一文があり、こう始められる。

　昔はステッキを突いて歩く人物をよく見たが、近頃はとんと見掛けない。ステッキを突いて歩くような悠長な時代ではなくなったからだろう。井伏さんの「風貌・姿勢」と云う随筆を読むと、昔は文人もステッキを愛用したことがわかる。

とは、先に紹介した井伏鱒二の『風貌・姿勢』の、堀辰雄や小林秀雄、中村正常ら文士と、それぞれのステッキの一件が引用される。そして、次からが本題となる。小沼丹の井伏鱒二見聞録が語られるのだ。

　しかし、僕は井伏さんに始めて御眼（おめ）に掛ってから二十年以上になるが、井伏さんがステッキを持って歩かれるのを見たのは、たった一度しか無い。（中略）井伏さんは些（いささ）か照れ臭そうに、そのステッキを持って出られた。歩きながら、井伏さんは誰それのステッキはどんな代物（しろもの）だったとか、誰それのステッキを持った恰好（かっこう）は堂に入（い）ったものだとか話されたが、井伏さん御自身は、どうやらステッキを持て余しているように見受けられた。

おや？　「蒲団屋の来訪」や「戸田家畜病院」では、散歩のときにはステッキを持って出かけ、また、〝プチ家出〟をしたとき、家に置き忘れたステッキをわざわざ取りに戻ろうとまでした井伏鱒二が小沼丹の文章では、ステッキ姿とは無縁のごとく書かれている。

じつは、井伏の文と小沼の文には、タイムラグがあるのだ。

井伏が「蒲団屋の来訪」「戸田家畜病院」を書いたのがともに昭和六年（井伏、三十三歳）、小沼が「ステッキ」を書いたのが昭和三十七年、つまり三十年以上の差がある。

この間に、世のステッキ事情は大いなる変化があったと見るべきだろう。井伏ばかりではなく、戦後、男性はオシャレや酔狂（すいきょう）で、ステッキを持ち歩くことは少なくなってしまったのである。

しかも、小沼の文章によれば、二十年来井伏のステッキ姿は見たことがない、というのだから、つまりは戦争前後を境として、文士もまたステッキ散歩どころではなくなってしまったのかもしれない。

ところが、小沼は戦後、珍しくも井伏鱒二のステッキとステッキ姿に触れることとなる。その井伏の手にしたステッキというのが、「スネークウッド」という材で「まだ一遍（ぺん）も持って出たことが無い」という代物らしい。

しかもそのステッキは「最近或る人に貰った、それこそ『由緒ふかい品物』なのだ」と自慢される。

うーむ、ステッキは〃由緒ふかい〃ことがかんじんなのだな。たしかに、このステッキが「スネークウッド」でできているとすると……、これはかなり上物といえる（「スネークウッド」については、のちにくわしく）。

話を戻すと――ところが、そのステッキを手に、あるマダムのいる店に入ってゆくと、マダムにげらげら笑われ、「あんまりお珍しいから、雪でも降るんじゃないかと思って」などと言われてしまう。

そして小沼の文は続く。

　それから、何軒かの店でお酒を御馳走になって最后の店を出たら、雪ではないが雨が降り出していたのには吃驚した。その日は、朝から好い天気だったから、雨が降るとは到底考えられなかったのである。

　――君、雨のときはステッキはこうやるもんだ。じゃ、さようなら。

　井伏さんは頭の上でステッキを水車みたいに廻しながらさっさと歩き出して、僕が面喰ってお辞儀したときには、井伏さんはもう二十米も先方に行ってしまっていた。

うむむ。ステッキを頭の上でビュンビュン廻して雨除けにするという話は、ぼくのステッキ話コレクションの中でも一度も出てこない。初耳の話である。

これは、井伏鱒二の、なにか心理的理由で、自分のステッキ（かなりの高級品のはず）を、ちょっと邪険に扱ってみたくなった故の、突発的行動ではなかろうか。心の中で、かなりこだわっていながらも、自分にしっくりとこないステッキという存在に対する、淡いコンプレックスのようなものが感じられはしないだろうか。

ステッキに対して、スネている——といったような……。

ところで、この小沼の一文には、続きがある。

その后間（ごま）も無く、井伏さんのお宅に参上したら、井伏さんは縁側に寒竹（かんちく）の切った奴を何本も並べて、小刀を片手に何か細工をしていた。

——何ですか？

——寒竹のステッキを作っているんだ。

——こんなの、ステッキになるんですか？

井伏さんは僕を見て憫笑（びんしょう）して、出来上った寒竹のステッキを一本下さった。握りの所に「弄花香満衣」と彫ってある。井伏さんが小刀で彫られたので、そこに朱（しゅ）を入れたらなかなか趣があって悪くなかった。

（「花をもてあそべば香り衣に満つ——ですか。于良史（うりょうし）の「春山夜月」からですね。

いいなあ、ぼくもその寒竹のステッキが欲しいなあ）

と、つい、はしたなくも、うらやましくなる話である。

文章を読んでいて（欲しいなあ）と思ったので思い出した。野田宇太郎の東京文学散歩本の一冊に——淡島寒月の使っていた火鉢が手元にあり、寒月の描いた猫の絵は見えにくくなってしまったが愛用している。が、誰もその火鉢に気づいてくれない。寒月といっても知る人も少なくなった——というような一文（文章の細部はうろおぼえ）を読んだときにも、

（その火鉢は今はどこへ行ったんだろう。欲しいなあ）

と思った。

井伏鱒二が漢詩を自刻した寒竹のステッキ、欲しい！

寒竹のステッキは、小田嶽夫氏も井伏さんから貰って、二、三度突いて拙宅迄来られたことがある。浴衣姿の小田さんが細い寒竹のステッキを持って歩いているのを見ると、飄飄たる風情があった。どうですか？　と訊ねたら、小田さんは微笑してこう云った。

——いやあ、何となく、何となく趣があるね。

この話を井伏さんにしたら、井伏さんは眼をぱちぱちさせて、曰く云い難しと云う顔をされた。

と、この「ステッキ」の一文は終わっている。

この「ステッキ」は講談社文芸文庫の『小さな手袋』に収録されているが、ちくま文庫の『清水町先生』でも読める。

ところで、小沼丹の「ステッキ」に登場した寒竹なのだが、ステッキとは別の話で寒竹に関するてんまつ話も紹介されている。しかしステッキとは直接関係がないので、この話は略したのだが、この『小さな手袋』には、もうひとつ「寒竹」と題する一文が載っていた。

ここでも、件の寒竹のステッキの話が紹介されていて、

握りになる所に小刀で、花発多風雨、人生足別離と、彫ってある。先生の翻訳によると、ハナニアラシノタトヘモアルゾ、「サヨナラ」ダケガ人生ダ、と云う洵に含蓄ある文章になる。そこに朱を入れたら、なかなか趣があった。

とある。例の、あまりにも有名な井伏鱒二の『厄除け詩集』（講談社文芸文庫）の于武陵「勧酒」の一節である。

（ますます欲しいなあ、その寒竹のステッキ）。

青春のステッキ・漱石の「洋杖」そしてシブイ単なる杖あるいは杖

田山花袋の『東京の三十年』（岩波文庫収録）は、明治・大正の世相史、また文壇史、そして東京風俗史としてじつに魅力的な読み物だが、うれしいことに、ここにもステッキの話が出てくる。しかも、この本の中でも格別印象的な「KとT」と題する一章に。

KとT――。知っている人は皆知っているが、ここでのKは国木田独歩、Tは田山花袋本人のことである。独歩の『武蔵野』にも登場するように、若き日の花袋と独歩は、親交深く、よく共に連れだって散歩したり、旅行したりしている。

「KとT」の冒頭、いきなりステッキが登場する。岩波文庫から引用する。

KとTとは夕方になるといつも揃って散歩に出かけた。Kはステッキを持っている。それも曰く付きの竹の根のステッキで、それを銀座で買った時の話も、聞きように由っては惚気にきこえる。しかしTはKの悲しい恋物語については同情を持っているし、それに自分にはまたそうした経験がないので、いつも真面目に考えるような顔をして聞いている。

つまり、この時代、国木田独歩は、青年でありながらステッキを持って散歩に出かけていたことが、この文章でわかる。「竹の根のステッキ」というから、多分、「寒竹」のステッキではないだろうか。また「銀座で買った」とあるが、その店は、いまも銀座六丁目にある老舗「タカゲン」かしら。

それはともかく、あとで明記されているが「KもTも同じ年で二十六」という年である。二十六歳で文学を志す青年が、普通にステッキを手にしているのだ。そして「Kはよく散歩に出かけた。そのお信さんと一緒に銀座通で買ったステッキを振りながら……」という記述もある。K（国木田独歩）にとって、彼のステッキは去って行った恋人の忘れ形見のようでもある。

では独歩の本にもあたってみよう。もちろん『武蔵野』だ。これも岩波文庫他に収録されている。（六）の友（花袋のことだろう）と小金井の堤あたりを散歩したときの話である。そして、こう語る。

自分はこの流れの両側に散点する農家の者を幸福（しあわせ）の人々と思った。無論、この堤の上を麦藁（むぎわら）帽子とステッキ一本で散歩する自分たちをも。

青春のステッキ！

青春のステッキといえば、古書市で『文藝倶楽部』定期増刊『山と水』という雑誌を手に入れた。明治三十六年、博文館刊。

ぼくは、明治・大正・昭和の旅行本・紀行文の類も、目につけば集めていて、この『山と水』も、表紙タイトルを見たとき――(「山と水」、ハハン、「山水」、つまりは旅行本だな)――とあたりをつけて手に取ったのである。

予想は狂わなかった。そればかりか、オマケまでついていた。巻頭の一篇、巖谷小波「山雨水晴」に〝青春のステッキ〟が登場するのだ。

ところで、巖谷小波といえば、小波氏、ご自身も収集癖のある人だったらしく、馬に関わるものや、たしか帽子のコレクターでもあったという話を聞いたことがある。つつしんで小波氏の一文を引用させていただく(ほかのかたの文章も、引用させていただくときはつつしんでいるが)。

『どうだ山野！　又ぼんやり鬱憂はじめたな。折角此所まで連れて来てやつたのに、相変らずそれぢやァ困るなア……えッ君！　晩餐までひとつ散歩して来やう。さ、立ち給へ！』

と、余は已に帽子をかぶり、ステツキを小腋に抱へ、巻煙草に火をつけながら云つたが、山野はまだソーハの上に、斜に身を凭せかけたまゝ、

◆かつては学生さんですらステッキを手にしていた――その1◆

①浅井忠による「当世風俗」のうち学生男女。明治中期の風俗。彼女はコウモリ傘、老け顔の学生の手には細いステッキが。浅井忠画。(『近代漫画集』昭和3年・中央美術社刊)

②ステッキの男、ジジイみたいだけれど、文には「京都帝大設置」(明治30年7月)とある。学生かあ。どうりで舞妓ちゃんがふり返っている。京屋金介画。(『漫画明治大正史』昭和3年・中央美術社刊)

③「人の恋に力むのも、女性をうやまいすぎるのもみっともない」の図。左の学生帽の足元にはステッキが横倒しに。小杉未醒画。(明治39年『漫画一年』より)

④「学生帰る」と題された一コマ。ステッキを手にタバコをふかす学生の手には細いステッキ。帰省の前の駅での見送り。池部均画。(『凸凹放送局』昭和4年・現代ユウモア全集刊行会刊)

『ウン……散歩もつまらんからなア。』と、一向乗らない返事である。

この山野という、散歩に誘われている青年は、「一昨年大学を出た理学士で、謹直(きんちょく)なのと篤学(とくがく)なのとで、学生時代から評判の男」で、この文の語り手とともにドイツに遊学に来ているが、ホームシックにかかり日々、ウツウツとしている。

小波による一文は、ドイツの観光案内(明治の青年たちはどんなに憧れを抱いて読んだことであろうか)に青春の一挿話をからめた、いかにも明治後半の香りのする作品であり、最後にタイトルにこめられた、ちょっとしたドンデン返しがあるが、この場ではそれを語るのが目的ではない。

「KとT」と同様、この「山雨水晴」でも、注目すべきは大学を出たばかりの青年が、ステッキを手にしている点である。

そして彼らが手にしているのは、杖でもなければ洋杖でもない。明治の世でありながら、ずばり、「ステッキ」なのである。

これが同じく明治時代でも夏目漱石の作中に登場するステッキはぼくの知るかぎり「洋杖(ステッキ)」と表記されることが多い。それは、漱石の言葉の好みか、あるいはステッキという若々しくもモダンな言葉を用いるのに年齢的抵抗を感じたか。

明治四十一年作の『夢十夜』(岩波文庫)の「第十夜」、女に絶壁のてっぺんから飛び込

◆かつては学生さんですらステッキを手にしていた——その２◆

①学生らしき男が街頭でステッキをかざしてなにやらセールス（？）をしている。一種の啖呵売（たんかばい）か。水島爾保布画。昭和初期風景。（『現代世相漫画』昭和３年・中央美術社刊）

②「買い立ての腕時計」と題する学生風俗。女学生の前でこれ見よがしに自慢の時計を見る。岡本一平画。（『岡本一平全集』昭和４年・先進社刊）

③「生きた学問」と題する昭和初期の就職風景。「生きた学問」とはもちろん社会に出ること。就職参考書に首っぴきながら、手にはステッキ。前川千帆画。（『現代世相漫画』昭和３年・中央美術社刊）

め、さもないと、豚に舐められるがよいか、と問いつめられる。夢の中の男は、「豚と雲右衛門が大嫌だった」。

突然、「雲右衛門」という名が出てくるが、これは浪曲師・桃中軒雲右衛門のことか？　まあ、ここではそんなことはどうでもいいだろう。漱石の文章を引用する。

> けれども命には易えられないと思って、やっぱり飛び込むのを見合せていた。ところへ豚が一匹鼻を鳴らして来た。庄太郎は仕方なしに、持っていた細い檳榔樹の洋杖で、豚の鼻頭を打った。豚はぐうと云いながら、ころりと引っ繰りかえって、絶壁の下へ落ちて行った。（後略）

奇怪な話だが、当然か。夢の話を創作したのだから。じつは、この「第十夜」には、ステッキ同様、もうひとつ重要なシンボルとして「パナマ帽」が出てくるのだが、興味がある人は、原文にあたられたし。しかし、帽子という存在も、ときとして、そのイメージには、なかなか怪しいものがありますなあ。

さて、漱石の洋杖に戻る。こちらは明治四十五年の作『彼岸過迄』（新潮文庫）。ここに登場する洋杖も不気味な雰囲気をただよわせている。

> この洋杖は竹の根の方を曲げて柄にした極めて単簡のものだが、ただ蛇を彫ってある所が普通の杖と違っていた。尤も輸出向に能く見るように蛇の身を

ぐるぐる竹に巻き付けた毒々しいものではなく、彫ってあるのはただ頭だけで、その頭が口を開けて何か呑(の)み掛けている所を握(にぎり)にしたものであった。

この奇妙なデザインの洋杖(ステッキ)は、森本という、多才ではあるが放浪癖のある風来坊的な男が彫ったものだという。さて、この話はどのように進展するか、そしてどのような結末を迎えるかは本文にあたってください。

しかし、漱石先生、よくステッキのこと見ていますね。じつは、漱石が描写したステッキ、ぼくは似たようなものを二つとも〝知っている〟。

「蛇の身をぐるぐる竹に巻き付けた」のは、タイのバンコックで見つけて買ってきた。蛇はコブラで、材は竹ではなく堅い材質なので、持ったときにズシリと重い。その重さはとても実用のものとは思えない。装飾用ではなかろうか。

もう一つの、〝森本〟の、蛇が玉をくわえこもうとしているイメージのステッキ、これは、じつはまだぼくの手元に届いていない。しかし近日中にアメリカの通販会社から送られてくるはずである（二週間ほどで無事届いた）。

というのは、北京旅行からの帰りの飛行機の中に「スカイモール」なるアメリカで発行の通販カタログがあり、それを見ていたら、ハンドルがピューター（錫(すず)）でできたステッキが数本載っていたのである。

それを、じっくり見ていると、その中に、漱石の『彼岸過迄』の中で登場する洋杖（ステッキ）に似た、玉（?）をつかんだ爪のステッキがあり、勇躍、これを注文したからだ（本当は、これにもう一本、アールヌーボー風のデザインのものも注文してしまった。この二本とも、のちに人に差し上げて、今はない）。

閑話休題（それはさておき）、漱石は『夢十夜』や『彼岸過迄』ではステッキを「洋杖」と書き、それに「ステッキ」とルビをふった（まてよ、もしかしたらルビをふったのは、後の編者か?）。まあいい、とにかく「洋杖」という言葉を用いた。

しかし、ズバリ、「杖」を用いるシブイ連中もいる。明治の青春や大正・昭和のモダニズムの「ステッキ」でもなければ、漱石のセンシティブな「洋杖（ステッキ）」でもない。「杖は杖」というゴツイ雰囲気。

話は、拙著『超隠居術』（平成七年、二玄社刊、のちにハルキ文庫収録）にさかのぼる。この『超隠居術』を出してから一年ほどもたったある日、ぼくのごひいきにしている神保町のS書房の棚を見上げると、分冊される前の都内の電話帳かと思われるほど大きくぶ厚い函入りの本が目に止まった。

『隠居論』―穂積陳重（ほづみのぶしげ）著と、ドカンと記された背文字が、あたりをへいげいしているかのようである。うおーっ、と内心うなった。こんな本があったとは。ぼくは、『超

◆かつては学生さんですらステッキを手にしていた——その3◆

「学生さんですらステッキを」と75、77頁で示したが、皆かなり老けて見える。「これが学生？」と疑う人のための証拠物件を見つけた。明治後期「駒込追分の図」。駒込追分とは今の東大農学部前の広い通り。この絵をよーく見ると……帝大帽をかぶってステッキを手にしている人物が二人歩いている。（こうなるともう、ほとんど「ウォーリーをさがせ！」だ）
（明治40年『風俗画報』臨時増刊・本郷区の部（其三）笠井鳳斉画、駒込追分の図）

隠居術』なる本をデッチ上げながらも、この大著『隠居論』を知らずにいた自分の勉強不足を恥じ、その戒めとして、この一巻を買い求めることにした。

この『隠居論』は（原本は大正四年刊、それを昭和五十三年日本経済新聞社より復刻）、神保町から私の事務所がある飯田橋まで歩いて帰るのが嫌になるほどの重さであった。

と、『隠居論』の話は、ひとまず、ここに置いておく。もちろん、これから記すステッキ話と関連があるのだが。

さて、またある日、例によって古書市をクルージングしていると、ん？　というタイトルの本が目に入った。意味不明、ではないけどヘンなタイトルで、しかも装丁のよい本というのは、〝要注意〟なのだ。つまり掘り出し物があったりする。

この時の本のタイトルは『耄録』。モーロクですよ。自分の本のタイトルにモーロクなんてつける人がいるんですねぇ。

たしか、あのヒネクレ者（？）斎藤緑雨（りょくう）は、自分の本に『見切品』ってつけたんじゃなかったっけ。最初から「見切品」ではねえ。版元が非常に嫌がった、という話を、なにかの本で読んだことがあるけど。

とにかく『耄録』。しかし造本が函、本体（絹装）ともに、しっかりとしていて美しい。奥付で発行年、版元をチェックすると、大正十三年刊、版元は、実業之日本社。

大正末の実業之日本社の出す本は油断がならない。新渡戸稲造あたりの人生処世訓の本があったと思うと、有坂鉊蔵の『象の欠伸』(大正十四年刊)や異能の建築家、伊東忠太の『余の漫画帖から』(大正十一年刊)や、ぼくはまだ所有していないが、生方敏郎の『山椒の粒』や『虐げられた笑』などという本もある。

しかも『耄録』である(しつこい!)。

こんな本に限って値は安い。千円。(読まなくったっていいや、このタイトルと造本に免じて)などと鷹揚な気持ちで入手しておいたが、著者の石黒忠悳という名がなにか気になる。まっ、気のせいかとしばらく放って置いたまま、ある日、松本清張の『両像・森鷗外』を読んだ。

この鷗外論は読んでいてゾクゾクとくる力作である。清張ならではの、人間の暗部を見すえてゆく力が、われわれの知らなかった鷗外像を浮かび上がらせる。

ところで、だ。そこに登場してくるではありませんか。『耄録』の石黒忠悳が。そうか、石黒は軍医・鷗外の上司、軍医総監・子爵・石黒忠悳だったのである。そしてドイツでは鷗外は石黒の案内役をおおせつかっている、という関係。

ホウホウホウ、とうなずきながら、改めて『耄録』なる一冊を手にする。「石黒先生著述既刊目録」が奥付対向に付けられている。その著作はといえば『麻疹論』『疫病論』『軍陣外科手術』『軍陣衛生制度』等々、なるほど、鷗外の上官にふさわしい著作の数々がならぶ。そして、しんがりの一巻として『耄録』。

つまりは、『耄録』は、これまでの軍医の衣を脱ぎすてて、専門書ではなく〝文人〟石黒忠悳の文章をまとめたもののようである。そして、この中にあったのですね、ステッキ、いや「杖」の話が。

やっと杖の話にたどりついた。

それは「四十八　鳩杖に付て」という一章である。

これは石黒が八十歳を迎えたことにより、宮中に招かれたとき「特旨を以て宮中杖差許され」、つまり、特別に、宮中で杖つくことを許された一事に話がはじまる。

その杖は「鳩杖」というものだった。ぼくは「鳩杖」というものをいままで見たことがない。石黒の文章はとても参考になる（平成の世にこれを知ってどうなるというものではないが、生存する人類の中で「鳩杖」に関する知識を有する何人かの一人になれるかもしれない。——なってどうなる、と言われると困るが）。

石黒の鳩杖は、知人の「彫刻の名家旭玉山」が八十のとき、自分は今年、八十歳だが貴君（石黒のこと）が八十になったら鳩杖を造って贈るつもりだったが、貴君が八十になるときには自分が九十になる、とてもそれまでは生きられないと思うから、今、鳩杖を造って呈上する、と送ってよこした杖である。

そして、杖には石黒が八十になったときに、その杖をついて、宮中に参内することができたら、杖を造った旭玉山自身も、自分が宮中に招かれた心地で喜ぶ、という手紙が添えられていた。

その杖を石黒はたずさえて、宮中に招かれて行ったのである。ところで、そのような、鳩杖なのだが、なぜ、杖のハンドルに鳩をつけるかというと――その説明が興味ぶかい。

杖に頼る老人というものは、食事のとき、とかく誤嚥し、むせやすい。一方、鳩という動物は、のどが大きくて、豆粒を丸のみするくらいだから、食物にむせることがない。その鳩にあやかって老人の食膳には、鳩の塑像をつけるという。そして常に身の傍にある杖にも鳩をつける――というのだ。これが、鳩杖の由来の一説。

じつは、別の説もあるという。老人に鳩杖を贈るとあるのは、中国でお祝いとして食用として、鳩と杖を贈ったことを、「鳩・杖を贈った」という説。

そして、日本での鳩杖のはじまりは、建久三（一一九二）年、後鳥羽天皇が藤原俊成の九十歳の祝いに銀の鳩杖を贈ったこと、という。

さて、次の一文だ。

余は蔵書の内から、此故事を調かけたるに、或人がそれは法学博士男爵穂積陳重君著の隠居論に詳記しあるとの事故に其隠居論を繙き見るに其東西諸方の類例を博く研究せられあるには実に驚いた。

とある。なんと！　ここに、あの、重量級の穂積陳重の『隠居論』が登場してきたのである！

おそろしきものは因縁。見まく欲しきものは鳩杖。ぼくはさっそく、よっこらしょと例の大著『隠居論』を取り出し、索引から「鳩杖」の項をさがしだし、原典にあたった。

いや、石黒上官の言われるとおり、すべてそこに記されていた。

その後、この『隠居論』の大正四年刊の原本とも出合い、その造本の貫禄に惚れてこれも入手することとなった（復刻版のほうは若き友人、建築史家のN氏に献呈）。また鳩杖に関しては、銀座の老舗ステッキ店、タカゲンの会長から鳩杖そのものを見せていただく機会をもった。

「鳩杖」のことはわかった。では「蓮杖」のことは？

蓮杖？――そう、蓮の杖である。――蓮の杖など見たことはないし、また格別見たいとも思わないが、「蓮杖」という言葉には、ちょっとひっかかる——という人がいるかもしれない。明治の写真史、文化史を少しでもかじっている人なら「蓮杖」の名は知らぬわけにはいかないだろう。

「下岡蓮杖」。

この下岡蓮杖とその杖のことが、こともあろうに、淡島寒月の『梵雲庵雑話』に載っているのだ。斎藤昌三の編による〝幻の〟『梵雲庵雑話』が岩波文庫から増補の編集で平成十一年の夏に刊行されたときは、心底びっくりし、また心躍る思いがした（すぐ後に平凡社ライブラリーからも刊行）。

〝幻の〟といったのは、原本の『梵雲庵雑話』は昭和八年に千部限定で出されたもので、その装丁の一冊一冊がすべて斎藤昌三の手元にあった草双紙の袋を貼り合わせたもの、というきわめて手のこんだマニアックな本なのである。

しかも、著者の淡島寒月という人、夢の王国の住人のような人で、いろいろな人形、オモチャの類を集めているかと思うと、西鶴本のコレクターで、それらを惜気もなく紅葉や露伴らに貸し、忘れ去られていた西鶴を世に知らしめた人でもある。

自らは明治文壇などに華々しく登場することはなかったが、寒月なくしては、紅葉・露伴は別の紅露になっていたのでは、と評する人もいるほど。

その寒月の『梵雲庵雑話』。これを手に入れて法悦の涙にひたった果報者をぼくは約二名知っている。一人は女性の著述家のNさん（ぼくはこの人の本の常連読者でもある）、そして、もう一人は、なんのことはない、このぼく自身である。それが、文庫になったのである。

さて、その『梵雲庵雑話』に「下岡蓮杖の杖」という一章があるのだ。そして、この第一ページ目、本文中に、（これはたしかに蓮根だわな）、という物体のイラストレーションが挿入されている。

それが蓮杖愛用の蓮の杖なのだ。

なんかややこしいようだが、もともと下岡蓮杖は通称久之助、さらには薫円と号したらしいが、長大なる蓮の杖をたずさえているところから「蓮杖」と呼ばれることになったのであるから、話の筋道を知れば、なにもややこしくない。

蓮杖という文明開化の申し子のような人となりを語っていたら、これはキリがないので杖の由来の方を、この『梵雲庵雑話』で重点的に見てみたい——と思ったが、これこそ、岩波文庫で本文に接して、その、うれしくも脱俗的なエピソードにふれてほしい。

それに、この文庫の『梵雲庵雑話』、早く手に入れておかないと、絶版（いや、岩波

◆蓮杖と下岡蓮杖ご本人◆

淡島寒月『梵雲庵雑話』で紹介されている下岡蓮杖の名の由来となった蓮型の杖

その杖を手にする蓮杖のポートレートを露伴の本で発見！　それにしても巨大な杖だ。『露伴小品』（昭和27年・河出書房刊）

文庫は自ら「絶版」とは言わない。品切れ重版未定）になってしまうかもしれませんよと、老爺心ながら。

「蓮杖の杖」の最後にもう一つ。

ぼくはこのところ、勝手に、

『やっぱり露伴でしょ』

とタイトルをつけ、露伴を読み込むべく露伴本の収集に熱を入れはじめている。

で、そのうちの一冊、幸田文（あや）編になる『露伴小品』（昭和二十七年・河出書房刊）のページをめくっていたら……思わず、デヒャーと吹き出してしまった。

なんか、五頭身ぐらいの長い顔をした、そう、俳優の西村晃（こう）のような風貌の爺さんが、カバンを肩から下げた妙なかっこうをして写真に写っているではないか！　しかも、これがなんともスゴイのだが、右手に自分の背丈よりも頭ひとつは長大と思える、ブットイ杖を握っている。

そのとおり！　下岡蓮杖の〝御真影（ごしんえい）〟なのだ。

寒月による（?）蓮杖のイラストも興味ぶかかったが、それと同様、露伴本によって、この写真に出合えたことは、大いなる幸運であった。なにしろ、〝噂〟の、蓮杖と蓮の杖の実写を見ることができたのだから。

ところで露伴は、淡島寒月に誘われて、この下岡蓮杖に会いに行っている。やっぱり、並ではないですね、寒月、そして露伴の好奇心と行動力。

で、露伴の一文「下岡蓮杖の思ひ出」より。

老人の余技(よぎ)はいろ〳〵あつた。いろ〳〵の事をする人であつた。然(しか)し自分が会つた時には既に衰老の期に入つてゐたので、其後(その)は一二度寒月氏の宅で会つたかと思ふ位の事で、勿論(もちろん)訪問して老人を煩(わずら)はしもせなかつたので、たゞ其の蓮のまる彫りの長い杖を突いて歩いてゐるおもかげを記憶するにとゞまつた。

——昭和三年五月・黒船——

とある。

で、どこへ行ったのだろう、蓮杖の二代目に渡ったという、その蓮の杖。どこかにあれば、かなり目立つ物だし。

父としての鷗外の横顔とステッキにまつわる話二つ

古書店をのぞいていたら、薄っぺらい小冊子が目に入った。このところずっと、野田宇太郎の主宰していた雑誌「文学散歩」の欠号をさがしているので、古雑誌に目がいくのである。

さて、その小冊子は表紙に「鷗外」と墨書された文字が印刷されていた。発行は「森鷗外記念会」。昭和四十二年七月の刊。ある予感がしたのでページを操ると、「散歩」と題する鷗外の子、森類(るい)による文が載っている。

ん!?「ステッキ」という文字も見える。もちろん購入した。三百円である。ぼくは「ステッキ」に関する文章もコレクションしているが、「散歩」も、それとなく視界に入れている。当然といえば当然か。散歩とステッキは、もともと、切り離せないものだったのだから。

ところで森類による「散歩」は、こう、書き出される。これは執筆者・類とその子の会話。

「お父さん、五十幾つか知りませんが、いつまでもパッパ〱ってよく書けますね。」

「…………。」

隣の部屋から息子が云ふ。成程さう言はれて見ると、家中で父親を崇拝して、葉巻の匂が軍服に染み込んでゐる所が好い。歩いて行く後姿が好い。振返つて微笑する目が好い。何処から何処まで皆よくて、悪い処は一つもないと書き続けて来たやうな感じがしないでもない。かう云ふ家族は世間にあまりないやうである。

というような、今は五十を過ぎた子（類）と父親（鷗外）との関係が語られる。そして、この一文は、ステッキを手にしている鷗外の姿が、夢の中に出てくる父の姿として書き出される（これは多分、夢というスタイルをとった一種の創作と思うのだが）。

或日本郷三丁目の地下鉄道を出ると、人があまり出入りしない、裏通りに面した口の所に父が佇んでゐた。昔通りの大島に対の羽織を着、紺足袋に桐の駒下駄と云ふ姿である。

「如何したんですか。」

「如何もせん、少しお前と歩かうと思つて。」

「さうですか、ぼくも一度一緒に歩きたいと思つてゐました。」

「うん。」父は茶色の中折帽の蔭になつてゐるせゐか、少し陰気な顔をしてゐる。

「其葡萄茶（そのえびちゃ）の籐のステッキ、何処へ行つたかと思つてゐました。」

「此れか。」父は自分の手にしてゐるステッキに目をやつて、ゆつくり電車通りの方へ歩き出した。

「己（おれ）が久し振りでボンチコと歩くと云ふと、丁度（ちょうど）来てゐた荷風（かふう）さんが、先生そいつアいけませんと云ふのだな、己が己の子と歩くのが何故いかんのかと思つて顔を見ると、そいつァ目立つから、いけませんと言つて笑つてゐる。つまり軍服で出歩くなと、注意して下さつたのだ。成程（なるほど）軍人がゐないぢやアないか。」

「えゝ、軍隊そのものがなくなつたのです。」

夢の中に、鷗外、荷風と出てくるのだからすごいといえばすごい。さすが「只（ただ）笑つても鷗外の子が笑つたと云ふ目で人に見られる。据（す）わつても鷗外の子が据わつたと見られる。鷗外の子にしては痩せてゐる。鷗外の子にしては顔色が悪い」と見られてきた人の夢ではある。

夢の中で、子は父親のステッキの行方（ゆくえ）を「何処へ行ったか」と案じていたようである。もちろん、これは今は亡き父の存在とダブる。

このエッセイ（創作？）の末尾には、森茉莉（まり）の話が出てきて、彼女をさがしたければ、「十字路」という喫茶店か、下北沢駅の新宿寄りの踏切の傍にある三本立の映画館か、「クレイヨン」、「スプローザ」という喫茶店をのぞいて見ればいい、という子のことばに対して、父が、

「さうか、まるで荷風さんだな、クックックツ。なか〱会へないと思ふと、却つて楽しみだ。何処でつかまへて遣（や）らう、どんな顔をするかなあ。」

と答え、

二人はメリヤスの肌着の上に背広を着た爺いさんや、割烹（かっぽう）着（ぎ）を着た婆あさんの靴磨が一列に並んでゐる歩道を山下の方へ歩き出した。

という、戦後の街頭風景の記述で終わっている。

一方、小堀杏奴（あんぬ）の『晩年の父』（昭和十一年・岩波書店刊。ぼくの手元にあるのは戦後の昭和二十四年刊）にも、鷗外とステッキの話が出てくる。ここでも娘の杏奴は「パッパ」鷗外にベタ惚（ぼ）れである。さきほどの類の文ではないが、たしかに「かう云ふ家族は世間に

あまりないやうである」である。

父はもう行つてしまつたにちがひない、さう思ふと、無暗に心細くなつたが、ともかく表通りまで出て見ると、団子坂の上にある大きな邸の塀の傍にステッキを杖にして、しやがんで此方を見てゐる父を発見した。

父は私を見ると、杖を持ちあげて二三度上下に動かして微笑して見せた。私は安心して父につかまつて歩いた。

娘、杏奴の父・鷗外との〝お出かけ〟の一シーンである。なんか、小津安二郎の映画の一カットを見ているようだなあ。とくに「杖を持ちあげて二三度上下に動かして微笑して見せた」なんてあたりが。

父・鷗外の最晩年の思い出話にもステッキが登場している。このころになると鷗外はかなり弱っていて、自ら「唯一の好物」であった葉巻を止め、代わりに時々「森永のピイス」という菓子をなめていたらしい。

役所へ行く電車の中で、父はゆつくりピイスを取出し、その白い円い菓子をつまんで私の口の中に一つ入れてくれ、ついでに自分の口にも入れて微笑した。

先の曲つた茶色のステッキを電車の吊皮に掛けて、それに摑まつてゐた父を思出す。

ン？　吊革にステッキのハンドルをかけて、それにつかまる鷗外？　……あの姿勢正しく、いつも凛々（りり）しさを崩さないスタイリストの鷗外が、娘の前で、また人前で、そんな姿をするのだろうか？　いや、もちろんしたのだろう、娘の杏奴が書いているのだから。

この時、鷗外は、そこまで弱っていたのだろうか。いや、ことによると、鷗外の衛生上の、生理的な感覚から、なるべく吊革に直接手を触れたくないために、ステッキにつかまっていたのだろうか。

まあ、そんなことはどちらでもよいかもしれない。しかし、父を尊敬し、父を慕う息子と娘によって書きとめられた、ステッキを手にした〝よき父〟鷗外の姿は、なぜか少し寂しげである。

それは鷗外という人の寂しさなのだろうか、あるいは晩年ということや、晩年に用いられたステッキという連想から来る寂しさなのだろうか。

幻の「ステッキ・ガール」と
銀座の〝お歩きさん〟という新職業

『モダン都市文学Ⅰ　モダン東京案内』(海野(うんの)弘編・平成元年・平凡社刊)を手にしていたら、松岡久菶なる人による「ステッキ・ガール倶楽部(くらぶ)」という一篇が目に入った。

この松岡久菶という筆者の経歴はこの本の注にも「不詳」とあり、出典は、「風俗雑誌」昭和五年の九月号とのこと。

この一文、それ自体がノンフィクションか創作か定かならぬかんじの作品なのだが、まあ、それはそれとして。

まず、ステッキ・ガールの前身としてストリート・ガールなるものの報告がある。

もっと善良な、純粋なサービス専門を職業とする、所謂(いわゆる)ステッキ・ガールなるものが、その名にふさわしく最も新しい尖端的職業として生れたのである。

(中略)

所は——銀座四丁目五番地。

名称——広告文化研究会の名は古いが、銀ぶらガイド社なるものが適当かも知れない。

経営者は――小暮信二郎氏である。

とある。つまり、ストリート・ガールなるものの進化したものがステッキ・ガールであり、それをビジネスとする「銀ぶらガイド社」なる名称の「ステッキ・ガール派遣会社」が誕生したというのだ。会社だからきちんと給料が設定されていて、「一、銀座御案内係(一時間)三〇〇厘以上」とのこと。では、このステッキ・ガール、クライアントに対しなにをするか、どんなサービスをするかというと、

お客が、何か食べたい、買いたい、何々を見たい、何処々々へ行き度い、けれども自分には不案内で困るという時に、このステッキ・ガールになるものは、名の如くステッキとなって行き、世話女房として退屈させぬよう、十二分にサービスするのが、彼女等の職業であり目的なのだ。

という。

なるほど、なるほど。赤い口紅で口をきく「ぴあMAP」男子専科用みたいなものか。しかし、また珍なる職業があったものだなあ、いわゆるフーゾク系の一種かしら、と思いつつ、もう少し、このステッキ・ガールなる仕事の中味を知りたくなった。

そこでぼくは、「ちょっとまてよ」とばかり、手にしていた「ステッキ・ガール倶楽部」

のページを閉じ（付箋ははさんだ）、『モダン東京案内』を脇に置き、約一歩半歩いて、本棚の雑辞典のコーナーの前に立ち、『新時代の尖端語辞典』（長岡規矩雄著・昭和五年・文武書院刊）と、『モダン新用語辞典』（小島徳弥著・昭和六年・教文社刊）と、これはペラペラの、例の「十銭文庫」の中の一冊、『モダン語辞典』（鵜沼直著・昭和五年・誠文堂刊）の、三冊を引き出し、机の上に置いた。

ステッキ・ガールという言葉が登場したのが「エロ・グロ・ナンセンス」の昭和初期あたりということは知っていたので、昭和初期に刊行された流行語辞典の類にあたってみようと思い立ったわけである。

うん、うん、ある、ある。

『新時代の尖端語辞典』には、

［ステッキ・ガール］　Stick girl（英）ステッキ（杖）の代りになるガール（娘）即ち散歩用の娘。最近出現したもので、男子と散歩する時、宛も恋人であるが如く親しく相手になつて話合ひ、金銭を貰つてゐる女である。

なるほど、「ステッキ・ガール倶楽部」の記述と話が合う。

次は『モダン新用語辞典』だ。

ステツキ・ガール　一九二九年頃に東京に起つた新造語。銀座に出現して一

> 定の時間及び距離の散歩の相手をする代償として料金を求める若い女の意味である。つまり男のステツキの代りをする女である。しかしこの新職業家の実在性は極めて薄弱で、結局ジヤーナリストのペン先に於ける存在でないかとされてゐる。ステツキ・ガールの反対で、女のハンド・バツグの代用をつとめる男をハンドバツグ・ボーイと云つてゐる。

なにい？　ステッキ・ガールの反対でハンドバッグ・ボーイなるものがいると？　こんな言葉は、他では聞いたことがないぞ。それこそ「ジャーナリストのペン先に於ける存在」ではないのか？　まあ、いいや。とにかくステッキ・ガールについて。

やっぱり出てきた。〝ステッキ・ガール幻説〟を主張する解説が。さっきの「ステッキ・ガール倶楽部」でも、

> 　土師清二の如きは、ステッキガールなるものは、虚構の浮言であるとして悲しみの嘆を漏したのであつた。

とし、しかし、

> が、最早や土師氏たるもの悲しむに足らぬであろう。

と、先の「銀ぶらガイド社」の誕生に触れていたのである。

もう一冊の『モダン語辞典』も見てみる。

> ステッキ・ガール　Stick Girl　日本英語である。ステッキの如く男に寄り沿つて散歩のお相手になつて一時間いくらとお鳥目を戴くガアルと云ふことであるが、さて、そんなもの見たことないと云ふ人が盛んに現れて来て相当問題になつた。何はあれ問題になるだけこの言葉は現代的なのかも知れない。

ここでも、ステッキ・ガールの実在は疑わしいものと見ている。

まあ、そんなところだろう、と特別気にもとめず、しかし、ものごとにはついでというものがあるから、本棚の「東京本」のコーナーの前に立って安藤更生の『銀座細見』（昭和五十二年・中公文庫刊、のちに昭和六年・春陽堂刊も入手）を開いてみる。

この本の初版は、たしか昭和初期であったはず、と思い出したからだ。やっぱり、あったあった、「ステッキガール」の項が。

> 一時ステッキガールが出るといって大分やかましかったが、実際はどうもなかったらしい。安文士どものリテラリイイメエジさ。第一そんなものが商売として成り立つわけがない。そんな中途半端なことで、お客だってガール達だって満足するわけがない。そこまで行けば、あとはストリートガールと同じことじゃないか。そんなバカバカしいことが行われ得ると考て居る奴等のアマチャンなイケズウズウしい気持を断然軽蔑したくなるよ。（「銀座の暗さ」）

◆ ステッキ・ガールは実在したか？ ◆

②ウィンドウを覗き込んでいるような、いないような。（この彼女が噂のステッキ・ガールか）、と傍に寄ってゆくステッキ男。吉岡鳥平画。『哄笑極楽』（昭和5年・現代ユウモア全集刊行会刊）

①「銀座が無警察状態になったら」と題する田口省吾画。女同士の取っ組み合いで、彼はおびえて大切なステッキも取り落としている。この絵を見てなぜかぼくはステッキ・ガール同士の客の奪い合いと思ってしまった。『女の世界』（昭和3年・中央美術社刊）

ステッキ・ガール（三太郎）
『どお景氣は？』『駄目よシミッタレばかりで』『一寸あのモボどお？』『又三圓を三十錢に値切る組らしいわよ！』『でも無いよりいゝわ……』『さうねえ』
近頃銀座界隈に出没するステッキな化物。
三太郎

③こちらはステッキ・ガール同士による戦果の報告し合い。それにしてもオシャレですよねえ、この当時のファッション。「新職業婦人さまざま」ステッキ・ガール。杉田三太郎画『人生漫画帖』（昭和7年・大日本雄弁会講談社刊）

と、なんか安藤更生さん、妙に激昂(げきこう)している。

やっぱり、ステッキ・ガールなんて銀座にいなかったのか。「銀ぶらガイド社」も、ただステッキ・ガールの噂にあてこんで、話題づくりに便乗して組織みたいなものをためしに作ってみただけなのかもしれない。

安藤更生さんの言葉によれば、ステッキ・ガールという存在をあるものと思っていたぼくも「アマチャン」で「イケズウズウしい奴等」(なんで、そこまで言われなけりゃならない?)の一人だったのかもしれない。

しかしまあ、もう二、三十年も前から『女の世界』(昭和三年・中央美術社刊)で、ストリート・ガールかステッキ・ガールか知らないけど、それらしき女二人が、客の取り合いをしている田口省吾描く口絵を見ている身としては、ステッキ・ガールはいなかっただなんて、なにか狐につままれたような気がしてならない。

ところが、ある日、例の(と言われても困る人もいるでしょうが)随筆『ブラリひょうたん』で名をあげたコラムニスト高田保の評伝、夏堀正元『風来の人――小説・高田保』(昭和五十四年・文藝春秋刊)を読んでいたら、ステッキ・ガールの名付け親の名が出てきたので、ちょっとうれしくなった。

当時、〝お歩きさん〟という新商売があったというのである。〝お運びさん〟というのは、知っていますよね、料亭などで料理を運んできてくれる人。それではない。〝お運びさん〟ではなく〝お歩きさん〟、これに高田保が遭遇したというのだ。

『風来の人』を見てみよう。

高田は銀座裏で、〝お歩きさん〟という新商売を発見した。ある昼さがり、高田が裏通りを歩いていると、むこうから片手に小さな風呂敷包(ふろしきづつみ)とデパートのハトロン紙の包をもった若い女がやってきた。その女がすれちがう瞬間、声をかけてきたのである。

「お茶を飲みにいらっしゃいません?」

高田は、この〝お歩きさん〟の出現は、「世の不況が銀座にも押し寄せてきて、街全体が凋落(ちょうらく)しつつあること」に因を発していると思ったという。

そして、この〝お歩きさん〟を、ステッキ・ガールと命名したのが、誰あろう「造語癖のある大宅壮一」であったというのだ。

しかし、高田自身はステッキ・ガールより「〝お歩きさん〟のほうが哀しいリアリティがあって、ずっといいと思った」――と夏堀は記している。

ああ、幻のステッキ・ガール、そして〝お歩きさん〟。まさに、エロ・グロ・ナンセンスの昭和モダンの象徴、銀座の幻の女をめぐって、ちょっとした百家争鳴。しかし、この時代はまだまだ遊び心、いや放蕩心を持つ、ゆとりがあったようですね。ステッキ・ガールひとつで、これだけの人たちのワイワイガヤガヤの言及があったということは。

と、ここで我が身をふりかえれば、この〝ステッキ・ガール物〟を集めるまで、どれだけの時間を要したことか。いや、要したのではない。好きな本を選んで勝手気ままな本読みをしていると、このステッキ・ガールについても、なぜか語られている、というめぐりあわせに遭遇してきたのだ。

急いで調べようとしたって、なかなか思うようにはいかない。とかく、さがし物は出てこないもの。

しかしステッキ物収集だけでもかなりアホな行為だろうに、「ステッキ・ガール」だなんて、物好きにもほどがあるなあ、やっぱり。こんな道楽をしていたら、寿命が三百年あっても足りないだろう（と遅ればせながら、ちょっとアセる、ふりをしてみる）。

（補1）ところでステッキ・ガールをプロモートしたとされる「銀ぶらガイド社」だが、この社から、昭和二年、今日に残る珍本が刊行されている。松崎天民著『銀座』がそれ。この本は平成四年・中公文庫（解説・海野弘）に、さらに平成十四年・ちくま学芸文庫（解説・小沢信男）に収録。

銀ぶらガイド社の名は天民の『銀座』によって残った。

（補2）ステッキ・ガール平成の現代に復活？　「ＪＫお散歩」の出現。この本の初校ゲラをチェックしている平成二十五年十二月、「ＪＫお散歩」（アキバの女子高生らが有料で男性の散歩に付き合う）を警視庁が一斉補導。ナルホド……。

今日の人士にも〈ステッキ系〉と思われる人々がいる

ステッキそのものや、ステッキに関する文章やイラストレーションを集めだすと、著書を読んでいて（あ、この人は多分、「ステッキ系」の人、〝ステキスト〟だな）という雰囲気がなんとなく、わかってくる。

まずは、日々、不急を楽しむ文人肌の人。あるいは自分自身を「無用の人」と思っている人。しかも散歩や街歩きが好きな人。内外の風俗や社会現象あるいは深層心理に強い関心を抱いている人――こんなところだろうか。

今日の著述家でも、数はきわめて少ないが、ぼくから見て「ステッキ系」の傾向が濃厚と思われる人が何人かはいる。当然、ぼくはこういう人たちの仕事にできるかぎり目配りし、著書を購入し、存分に楽しませてもらおうと思っている。また、参考にさせていただきたいと思っている。

池内紀氏の『文学探偵帳』(平成九年・平凡社刊)に「荷風と百閒」という一項があり、そこにステッキのことが出てくる。

荷風の『日和下駄』の文中、「杖のかわりに蝙蝠傘と共に……」や「蝙蝠傘を杖に日和下駄を曳摺りながら……」という一節を紹介していて、荷風の傘がステッキの代用であったことにふれている。

たしかに荷風にかぎらず、傘とステッキはたがいに〝相互乗り入れ〟をする関係があるようで、今和次郎の『考現学入門』(ちくま文庫・藤森昭信編)を読んでいたら、「東京銀座街風俗記録」(一九二五年調査)という項目があり、そこに「男の携帯品」調べの表が載っていた。その表を見ると二百五十三人中、洋傘―五十五人、傘―十七人、ステッキ―三人とあり、その解説として、

　この日は雨模様だったので、傘はずいぶん多くでました。コーモリがなければステッキがもう少しふえたのでしょう。

と記している。

傘とステッキといえば、その具体的な証拠品を所有している。いままで三本、軸の

中に、傘が入っている仕込みのステッキを入手している。また逆に、これは多分ロンドン製だが、手に入れたのはサンフランシスコ。白い骨材で白い足の裏と指（!）を型どったステッキ用のヘンな取っ手（足フェチ用？）のついた傘も一本持っている。かくの如く、傘とステッキは近親関係にある。

池内氏の「荷風と百閒」に戻る。

- 活版印刷で使われる道具で「ステッキ」と呼ばれるものがあること。
- 例の昭和初期のステッキ・ガールのこと。
- 著者の祖父のズシリと重い太目のステッキの思い出。
- 仙人が持つ握りにコブのある、くねくねした杖のこと。
- 古代ギリシャの神の手に持たれた棒や笏状（しゃくじょう）のこと。
- イエス・キリストの、羊飼いの杖、また巡礼の必需品としての杖。
- ステッキの握り部分のデザインについて。
- 映画の中に出てくる杖、座頭市の仕込み杖や映画『ムーラン・ルージュ』でのロートレックが手にする、いわゆる細い酒びん・フラスコと杯が仕込まれているステッキ、また禁酒法時代のネジ式ステッキ。

などなど種々のステッキとそのデザインが列記されている。

あるんですよね、散歩中でも、一杯飲める細工のしてあるステッキが。この種のステッキに関してはすでにちょっと触れた。

さて、荷風の後は百閒先生の一文が紹介される。

私はステッキの外に、何も持ち物はない。ちり紙やタオルは山系のバッグの中に入れて貰った。雨は上がっている。それで出かけた。

著者は百閒のこの、『阿房列車』を、——「一名鉄道散索記」といっていい——と記している。

もちろん、これは、荷風の『日和下駄』の副題、「一名東京散索記」を踏襲したものでしょうね。で、百閒のステッキが「どんな代物だったか」想像をめぐらす。二度目の旅では「竹のステッキ」とことわってあるが、チャップリンの体の一部のような、例の細い竹や籐のケーンのようなものではなく、もっと太い寒竹のものだったにちがいないと推理する。

というのは、ステッキをこんなふうに使っているからだ。

ぼろぼろのボストンバッグを山系の手から預かり、その手をステッキの握りに引っ掛けて、乗車口の改札の所で待っていた。

また、「こんな場合のステッキの使い方」として暫（しばら）くだまっていた。股の間に立てたステッキに頤（あご）を乗せて、向うの何でもない所を見つめて考えた。段段に不愉快がはっきりして来ると、なると、やっぱり、ある程度の太さが必要になりますね。

しかも著者は、

このあと駅長室へ、接続の不手際についで文句をいいにいく。事務室のガラス戸をコツコツたたくとき、ステッキが使われたのではなかろうか。お伴のヒマラヤ山系がボンヤリ突っ立っているのを、うしろから近づいて、ステッキの握りで頭を敲（たた）いたりしたのだもの——。

と、百閒のステッキ活用術（?）を想像する。

いるんですよねえ。ステッキで人の頭をたたいたりする、こういうご仁が。産経新聞の「産経抄」（平成九年九月九日付）に、徳富蘇峰（明治、大正、昭和を生きたジャーナリスト）の原稿が発見されたことに触れながら蘇峰の逸話が紹介されている。ステッキ・コレクターとしての蘇峰は有名だが（誰も知らないか）、この蘇峰もステッキで人の頭をたたいたらしい。「蘇峰はカンシャク持ちで、人力車や自動車を後ろからステッキでつついて先を急がせた」という記事が、この「産経抄」に載っていた。

百閒や蘇峰のステッキ使用法はともかく、どうですか、池内紀さんも、かなりの「ステッキ系」の人でしょう。うれしいですねえ。

ステッキの活用術といえば、岡本かの子の小説にステッキを手にする登場人物の描写がある。まず『鮨』（昭和十四年の作、『岡本かのこ』ちくま日本文学全集、平成四年所収）。ここには、湊というちょっと謎めいた人物が登場する。湊は鮨の食べ巧者ではあるが、通ぶるようなところはない、という人物でもある。

> サビタのステッキを床にとんとつき、椅子に腰かけてから体を斜に鮨の握り台の方に傾け、硝子箱の中に入っている材料を物憂そうに点検する。

あるいは、

> 湊は、茶を飲んだり、鮨を味わったりする間、片手を頬に宛てがうか、そのまま首を下げてステッキの頭に置く両手の上へ顎を載せるかして、じっと眺める。

と、ある。湊のサビタ（ノリウツギ）のステッキは、よく持ち主と調和しているようである。また内田百閒ではないが、ステッキを持っている人は手持ちぶさたのときは、そのハンドルに顎をのせたりするような習慣があるらしい。

もう一篇、こちらも昭和十四年の作『河明り』（同右『岡本かの子』に収録）。

「恋というものは人間を若くする。酒と子供は人間を老いさせる」

ステッキの頭の握りに両手を載せ、その上に顎の端を支えながら、こんな感慨めいた言葉を吐いた。大酒呑みで子供の大勢あるという中老の社長は、籐のステッキをとんと床に一突きして立上ると

という、くだりがある。

こちらは籐のステッキ。それにしても岡本かの子の登場人物は、すぐにステッキの頭に顎をのせる。そして、なにかのきっかけを作るときに「とんと床に一突き」する。

散歩が好きな人も「ステッキ系」になりがちではなかろうか。川本三郎編『散歩』（『日本の名随筆』別巻32・平成五年・作品社刊）にも、ステッキに関するエッセイが選ばれている。

小林勇の「ステッキ」と永井龍男の「ステッキと文士」二篇である。

小林の一文は、銀座で「アシュ」（正しくは「ホワイトアッシュ」？　とすれば和名、アメリカトネリコ）のステッキを買い求め、それを休みの散歩のときに持って出て愛用したこと、しかし、間もなく、リウマチになり、それが、実用品、必需品になってしまったことなどが語られる。そして、

足の痛くない日は、ステッキを振り振り歩く。荷物が嫌いな私は、ステッキが唯一のもちもので、この頃はこれがないと調子が悪いのである。雨の日も傘を持たずにステッキを持つことが多い。

なるほど、小林勇も、傘の代わりにステッキを持つ人であったか。まさか井伏鱒二氏のように、頭の上でビュンビュン振り廻したりはしないだろうが。

永井龍男の「ステッキと文士」、この一文もとても参考になった。ステッキの興亡の歴史の簡潔な証言となっているからである。

銀座について、あれこれ考えているうちに、私は妙なものをふと思い出した。おそらく、遠い戦前に姿を消してしまったであろう、ステッキのことである。

と、このエッセイは書きはじめられる。

永井が追想するステッキは、「明治大正の官員さんや田紳（でんしん）のひけらかした」ものではなく、二、三十年前の、二十代、三十代の若き小説家たちが「銀座を散歩する時は、必ずと云ってもよいほど愛用していた」、そういうステッキであり、ステッキ姿である。貴重な証言だ。

そして、「ステッキなぞという無用の長物が影をひそめた今日、あの若さでと思うと、はなはだ奇妙な気がする」と述懐する。

◆ 明治の日本にステッキがやってきた ◆

明治の日本の風俗を描き残したビゴーによる「東京の警官の一日」。犬を連れた夫人やステッキを手にする外国人の姿を興味ぶかく観察する日本人。清水勲『続ビゴー日本素描集』(岩波文庫)より。

同じくビゴーによる、粋客が女性を見定めるの図。この鼻の下を伸ばした男、付け焼き刃かもしれないが、ステッキの持ち方などなかなかのシャレ者。清水勲『ビゴー日本素描集』(岩波文庫)より。

これもビゴー描く、日本人の写真館での一景。目いっぱい気取った男の手には、当然ステッキが。『近代日本漫画集』(昭和3年・中央美術社刊)より

そして当時の若き文士たちの風貌姿勢を思い出す。「才気あふれる短篇小説を次ぎ次ぎに書いた当時の、佐々木茂索氏の」姿、「ソフトの両端から長髪をはみ出させた、新感覚派の頭領横光利一氏」。午後から銀座へ出れば、和服の着流しに草履（ぞうり）履きでステッキを突いている文士や、書物の包みといっしょにステッキを抱えている文士たちに必ず行き逢うことができたという。

そのステッキは、それぞれの好みや〝こなし方〟にも個性が感じられたというが、いずれにしても、「ステッキをたずさえない文士は一流でも一人前でもなかった」という。

やっぱりそうだったのか！

後に紹介することになると思うが、小島政二郎の自伝的エッセイにも同様のことが書いてあった。「一人前の紳士は若くてもステッキを携帯していた」、と。

いや、ついでだから今、紹介してしまおう。それは『場末風流』と題する一冊で、ぼくの手元にあるのは昭和三十五年、青蛙房から出されたもので、和田芳恵（よしえ）の「あとがき」が付けられている。その中のタイトルが「ステッキ」という一文（これが書かれたのは大正十三年）がなかなか興味ぶかい。

よく南部修太郎と、彼はチェホフを語り、私はルネ・バザンを口にして、吾妻橋から永代（えいたい）までの蒸気を楽しみ、引いては木場や月嶋（つきしま）あたりまで散歩したものだ。彼はつとに背広を着、ステッキを突いていた。私は角帯を締め、日和下駄をはいていた。歩いているうちに、時にステッキが突いて見たくなる。よく借りては突いたものだ。

「君も買えよ。これを突いて歩くと、悠然（ゆうぜん）として来るぜ。第一、姿勢がよくなるよ」

と、すすめられるが、角帯姿でステッキだけついても、とまだ買う気にまではなれないが、「こう突くのかい」などと練習したり、イギリスの洒落者（しゃれもの）は「泰皮（アッシュ）（トネリコ）の杖」を用いると聞き込んだり、民友社の某氏がステッキの収集家である（著者注・民友社の某氏とはもちろん徳富蘇峰のこと）ことを知ったり、ステッキ収集家にはインポが多い（珍説、と思いたい）という説があることなどを聞かされたりする。

小島の周囲のステッキ濃度はかなり高い。大正末という時代がそういう時代だったのかもしれない。そして、問題のセリフが母から発せられることになる。それは学校をいよいよ卒業する、というころである。

「お前も洋服を着て頭をきれいに分けて、髭（ひげ）を生やして、ステッキでもお振りな」と冗談めかして勧めたりした。

というのである。

ややあって、中学時代の同窓生から、南洋からの土産にと、本場の籐のステッキをもらう。小島は、この土産を

　人から物を貰って、兄に相撲に勝って「言葉の泉」を買って貰ったのと、この時くらいわたしを喜ばせたことはない。

と手放しの喜びようである。そして、そのステッキによって「ステッキの功徳をしみじみと暁る」ことになる。

その功徳とは、

・姿勢がよく、やや反り身に歩くので気持ちがいい。
・弱虫が変じて気の強くなったこと（犬や墓地での一人歩きの恐怖や、不良青年からの攻撃に対して精神的に余裕のようなものが生まれた）。

といったことが語られている。

これと同じようなステッキに関わる話が平成七年に岩波文庫に収められた小島の『眼中の人』にも出てくる。

　私も、公明正大に頭を上げて人生の大路小路を闊歩したかった。
　「お前も、髭を生やして、洋服を着て、ステッキでも突いてお歩きな」

母が冗談半分によくそういっていたことを思い出して、形だけでも頭を上げて闊歩したい憧れから、南洋帰りの友人が自慢で持って帰ったマラッカ杖を無理に貰い受けて自分のものにした。

そして、このような行動をとらせた情熱の一半は、そのころ読んだアナトール・フランスの『人生の花ざかり』という小説に影響されてのものであるという。

そこには、瑠璃の握りのマラッカケーンに「恋愛に近い感動」を抱くアナトール・フランス自身の幸福論が展開されていた、というのだ。

小島の心の中で、ステッキは、一人前の人間としての成熟、あるいは幸福、という思いとダブって見えていたのかもしれない。

いずれにしても、大正末から昭和初期のステッキ・ブームは今から思うと信じられないようなものだったのだろう。

そういえば斎藤茂太氏の『快妻物語』(昭和四十一年・文藝春秋刊)の一節に、飛行機マニアとして知られる茂太氏が子供のころに毎日立川の飛行場に連れていってもらい、いっしょに飛行機に乗ったエピソードが語られる。

そしてその思い出は、当時(昭和四年)フォッカー・スーパーユニバーサルという憧れの旅客機の輸入により、はじめて本格的な旅客輸送が可能となったころにたどりつくのだが、ぼくの眼を引いたのは、次の一節である。

　昭和五年、池谷（いけのや）信三郎、横光利一、直木三十五（さんじゅうご）、菊池寛がそのスーパーユニバーサルに搭乗した時の写真がこんにち残っている。池谷さんと直木さんは羽織をつけた和服姿で、横光さんと菊池さんは背広を着て、横光さんはソフトで菊池さんはハンティングをかぶっている。四人のうち三人までがステッキをついて（ついてないのは直木さんだけである）、当時いかにステッキが流行（はや）っていたかがわかる。

　まさにステッキはステータスシンボルであり、また有閑階級の散歩に必携の友であったようである。

　散歩といえば、北嶋廣敏氏による『散歩礼讃』（平成五年・太陽企画出版刊）という本を、これは新刊書店ではなく、古書店で入手した。

　ある種の本は新刊書店では出合いにくく、かえって〝それ系の〟古書店でのほうがチャンスがあるということがある。私にとって、この『散歩礼讃』はそのようにして出合った一冊であった。

　ここには、ぼくの知らなかったステッキにまつわるエピソードがいくつも紹介されていた。

散歩の習慣のあるトーマス・マンが船旅に出る。一九三四年、最初のアメリカ旅行である。ところで、船の上での毎日、彼の習慣である散歩はどうなったか？ デッキが彼の散歩道となったという。彼は、その散歩のときもステッキを携帯していた。

しかし、ニューヨークでステッキをなくしてしまい、キュスナハトに帰ると、すぐに代りのものを購入する。それは「マラッカ材で、飾り気がなくしっかりしており、十八フラン」であった、という。

「森鷗外――ステッキをついて」と題する一文もある。

森於菟（おと）の『父親としての森鷗外』での、鷗外の散歩の様子が紹介される。鷗外は「いつも握りの丸いステッキをつき、煙草（葉巻）を手にもっていた。『坊主、散歩しよう』といってずん／＼出て行くのを小さい私は帯を祖母にしめ直してもらい駒下駄をつっかけて追っかける」。

なるほど、これで、先に紹介した森類、小堀杏奴、そしてこの森於菟の三人の子供による三者三様の、鷗外の散歩とステッキの様子を記した文に接することができたわけだ。

森於菟はもうひとつ鷗外のちょっと面白い行動を記録している。――鷗外は散歩中、疲れるか、あるいはそのあたりを眺めていようとするとき、下駄をぬいで片方に腰をおろし、もう片方の下駄に膝をかがめて両足をのせ、片手でステッキをついて身を支える、というのだ。

そのかっこうを、子の於菟は、みっともなくてたまらぬ気がしてならないが、鷗外は平気で、気持ちよさそうに葉巻の烟(けむり)などはきだしている、という図。

どうやら鷗外も、ステッキを好んで用いていたフシがある。ステッキを手にして子供らと散歩しているときは、鷗外は、軍医総監や博物館長の森鷗外ではなく自由な文人の心でいたのかもしれない。

『散歩礼讃』には、女性のあいだでもステッキが用いられていた、というエピソードも紹介される。それは十八世紀のことで、当時、高いかかとの靴が流行し、それで街を歩くのがなかなか困難なため、ステッキが必要となったというのである。

老いや怪我(けが)ではなく、女性がステッキを用いた時代があったとは。ちょっと見てみたい光景ではありませんか。

作家にして仏大使として日本に滞在していたポール・クローデルも、ステッキの愛好家であったらしい。彼は、皇居の周辺をはじめあちこちをよく散歩したらしい。そして「杖」と題するエッセイまである、と、『散歩礼讃』はその一文を紹介している。

それによると散歩のためのステッキは、リズムを作りだす便利な定規であり、「あるときは私の前を行き、あるときは私の後ろに従う。あるときは未来を示す投げ槍(やり)となり、あるときは後悔の軌跡ともなる」。

そしてステッキのおかげで、「この道を探り、それを感じ、叩き、柔かいとか堅いとか再認識できる、またステッキは剣であり、アンテナである、要するに杖は私の心と道との接触なのである」という、いかにも詩人ならではのステッキとの交流を語っている。

こうなると、ステッキを手にした散歩は、一種の芸術活動であり、また自己認識のための行為といえなくもない。あだやおろそかにしてよい散歩ではないのだ。そういえば、「逍遥(しょうよう)学派」という哲学グループもありました。

では、もう一冊、「ステッキ系」の著述家・中澤宏紀(なかざわこうき)氏の『漱石のステッキ』(平成八年・第一書房刊)を見てみたい。じつはこの本も北嶋氏の『散歩礼讃』同様、古書店で出合い、それも同じ古書店で出合い、入手した。

ステッキ物(もの)コレクターのぼくとしては当然のこと絶対見過せない、ありがたい本である。こんな本を書いてくれた人がいるんだなあ、この世の中、まんざら捨てたものではないなあ、という気にさせてくれる。

まず、「あとがき」を見てみよう。この本には「まえがき」はないので、「あとがき」を。

そこに著者の思いや執筆の経緯などがのべられていることが多いからである。冒頭から引用させていただく。

本書は神戸で発行されている短歌雑誌『六甲』に一九八四年五月号から一九九二年十二月号まで休んだ月もあるが、丁度百回に亘（わた）って連載したものからいま読み直して不要と認められる個所を削り、一部訂正加筆したものである。

漱石文学に登場するステッキの重要性を誰も指摘していないことに義憤に似たものを感じて書きはじめたが、書くに従って多岐に亘って思考が発展し、ステッキがこの文豪のエディプス・コンプレックスに根ざすものであることを確信するに至り、いささかこれに肉薄し得たように思う。

漱石が被追跡妄想ともいうべき、症状の持主であったことは周知の事実であるが、『夢十夜』の精神分析を行った専門家の論文は読んだが、漱石その人とその作品全般についての精神分析を知らない。シェイクスピア、ドストイエフスキイ、ストリンドベルク等の文豪やファン・ゴッホ等の精神分析を著したフロイトのように、文学的天分を併（あわ）せ持った精神分析学者の漱石研究を呼び出す呼び水の役をこの拙（つたな）い書が果せれば幸甚である。

とあり、続いて別項の「鷗外の留学――漱石のそれと対比して」の概要が語られる。

［著者略歴］も紹介しておこう。

一九一三年　高知県伊野町に生れる　一九三一年　高知県立高知城東中学校卒　一九三五年　短歌雑誌『六甲』に入会　一九八一年四月号より一九九三年二月号まで同誌編輯責任者

いま、ぼくの手元にあるこの『漱石のステッキ』には、まるで春の野に萌え出でたぜんまいのように、たくさんの付箋がページから顔をのぞかせている。もちろんぼくが読書中にはさんだ付箋である。

引用し、読者に紹介したい部分がありすぎて、オロオロする。そんなことなら、何千部か何百部か買い上げて、ステッキ好き、漱石好きの士に献呈してしまいたいくらいだが、残念ながら私はそこまでのお大尽ではない。

そんなわけで、ぼくが付箋を貼ったところから、かなり気ままに引用し、紹介する。

まずは、本文、第一ページ目だ。

漱石の場合、ステッキは最初は別として、目立たない形ながら次第に意識的に用いられ、それは漱石文学の根幹をなすものと微妙に照応しているように思われるのでそれを述べてみたい。

その前に断っておきたいのは、漱石全集の索引を見ても、ステッキとか杖とかいう項目がなく、全集を調べ直す根気も時間もないので、見落している箇所も多かろうことである。しかし索引作製者に無視されていることは、ステッキが漱石文学において持っている意味をまだ誰も指摘しないことを意味し、そのことが筆者を励ましてくれる。

――この気持ち、よくわかります。既存の事典、インデックスにあたっても、自分が関心を抱いている事物に項目すらなかったときの、あの一種腹立たしさと、それに反するかのような、（だったらぼくがやらねば！）という使命感のような心のめばえ。

私は、『江戸東京学事典』（三省堂）の人名索引の項で、安藤鶴夫、野田宇太郎、山本松谷（しょうこく）、木村毅（き）、森銑三（せんぞう）といった名前が見当たらなかったことに、ちょっとショックを受けた記憶がある。

いや、ぼくのショックなど、これまたどうでもいい、『漱石のステッキ』に戻ろう。

一体、漱石の作品にステッキが登場する動因としては、第一に、後に述べるように漱石自身のステッキに対する嗜好（しこう）、第二にこれは英文学者や比較文学研究者の教示をまたなければならないが、英文学の影響が考えられるが、それはあったとしても単なるヒントを得た程度であろうと考えられる。結論を先に言うと、漱石のステッキの取扱い方は、謡曲を嗜んだ作者が能楽的な演出を行っ

たものと解しうると思う。（中略）
能では杖をついて現れる演技者はシテと理解して、まず間違いない。これから漱石文学におけるステッキの記号的性格を述べると次のようになる。
①ステッキを持つのは作品の主人公、少なくとも重要人物である。
②したがってその主人公が現れる冒頭部分から登場する。
③それは主人公の懐包する思想、哲学の象徴と考えられ、最後の作品になるほど人生観照的な主人公を象徴する。

なるほど、漱石のステッキは、能楽における杖に通底していた、というのか。しかも、漱石には、あらかじめ、ステッキに対する嗜好があったという。漱石の散歩好き（徘徊趣味、逍遥志向）とステッキへの嗜好が、次のように紹介される。

実生活でも漱石がよく散歩したことは、弟子達が語っており、その散歩に桜のステッキが携えられたことは、森田草平が証言している。ステッキは漱石のシンボルとして認知されるのを待ち望んでいる。

かっこいいですね。「ステッキは漱石のシンボルとして認知されるのを持ち望んでいる」――こういう一句は、本当に、その対象に肉薄していないと、でてこない言葉でしょう。

著者は、漱石のステッキにとらわれる精神的病跡をたどろうとするが、もちろん、ステッキおよびステッキ史への目配りも欠かさない。

分析家ではない（いや分析家としての能力に欠ける、だから）コレクターのぼくとしては、こちらの情報も大変ありがたい。

「ステッキ再説」と題する章を見てみよう。

> 現代ではステッキや杖は老人の伴侶でしかないが、筆者の少・青年期まではステッキは紳士の標識であった。とくに明治期には漱石のみならず多くの青年によって愛好された。

「とくに明治期には」というくだりは、「とくに明治期からは」がより事実に近いのではないか。大正や昭和初期の、あの街頭のステッキの林立を見ると。

それはともかく、ここでは明治の男たちとステッキの関係が記述されていて興味ぶかい。

・北村透谷の薩摩絣の単衣に兵児帯、ヘルメットの白帽にステッキといういでたち（メチャクチャなファッションセンスですな）。

・室生犀星の最初の訪問を受けた萩原朔太郎は、その繊細な詩とは似合わぬ、ステッキを手にしたいかつい顔の犀星に会う（ぼくも、ステッキ姿の犀星の姿を写真で

◆愛用のちょっとおかしなステッキ集合！◆

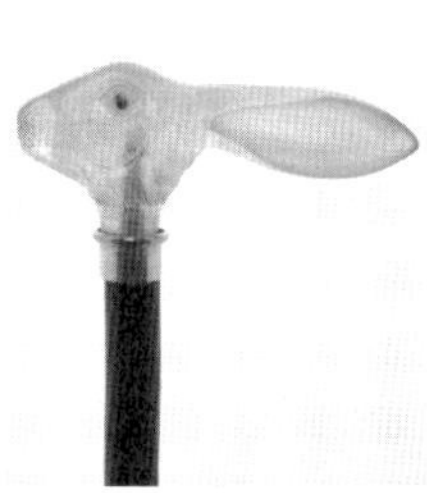

透明な素材のウサギの握りのステッキ。泉鏡花は欲しがるだろう。

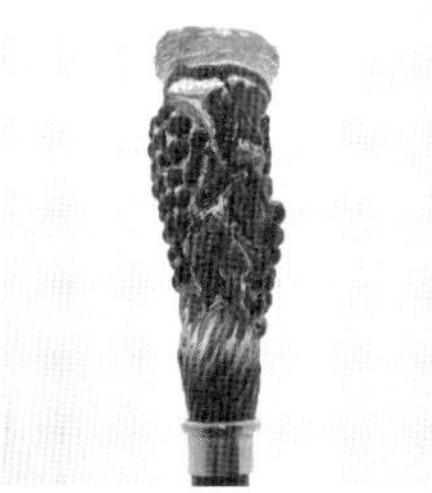

こちらも透明なアクリル。葡萄模様がオシャレ。ワイン好き向け？

実にエレガントな握りがドルフィンの顔の逸品。軸の点々は象牙の象眼。

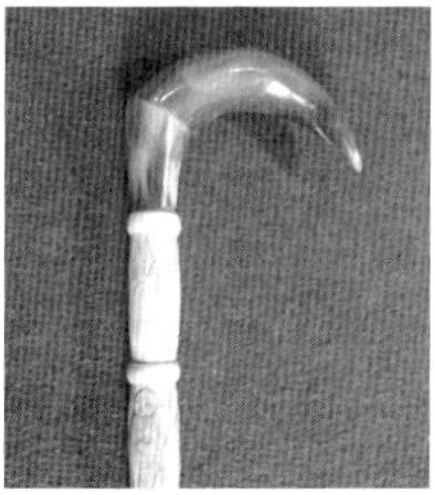

中国で売っていた水牛の角と骨材でできたステッキ。軸には何か彫り物が。

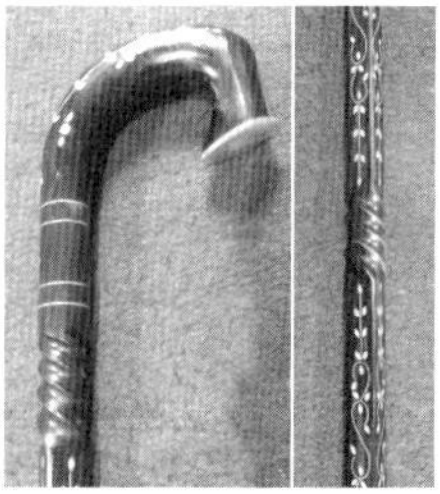

これも多分中国ものでしょう。でもステッキ全体の象眼の細工がいい。

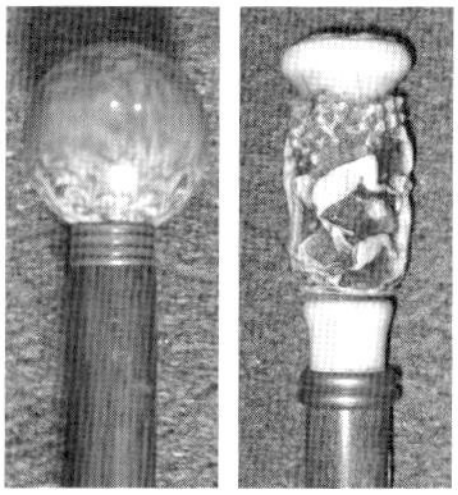

この2本はスペインで。左は模様の入った球。右は昔のレプリカものか。

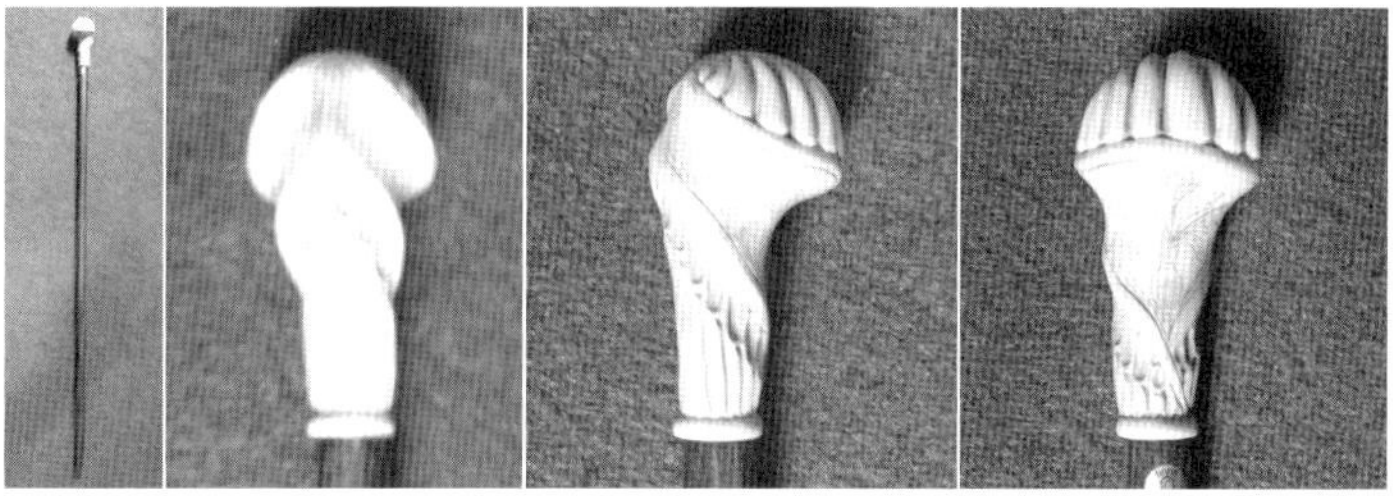

これもまたスペインで入手。握りは骨材に似たセラミック（？）にしても妙な形じゃありませんか。優雅といえば優雅。グロテスクといえばグロテスク。しかも細部は花柄が彫られている。どなたかスペイン美術にくわしい人がいたら、このデザインの元ネタを教えて下さい。

見たことがある。かなり怪しい雰囲気だ)。

・芥川龍之介は、知人の鋳金家に愛用のステッキの握りに龍と鳳凰を造ってもらう。なるほど明治の文士は、すでにステッキを友としていたようである。ところで、著者は、明治にステッキが流行した原因の一つとなったいきさつを紹介する。これもまた私には初耳であった。

山中共古(笑)の懐旧談として、「明治九年の廃刀令、それから二年経っても三年経っても、どうもみんな腰の辺が淋しい。永い間の習慣で刀を手離す事が出来ないような気持がするので、太い仕込杖にこしらえたり何かして持って歩きました。いや仕込杖の流行ったのなんのって大変なものです」(岩波文庫『戊辰物語』所収)。

そして、

> その仕込杖の取締りがきびしくなると、旧士族の青年たちがステッキを愛用するに至る経路が目に見えるようである。

と、帯刀からステッキ携帯への推移説を説く。続けて、

> そうした未練な、反動的な感情のほかにもステッキの流行を促した開明的な思想も指摘することが出来る。何で読んだか失念したが、勝海舟らに、散歩の効用を初めて教えたのは、長崎海軍伝習所の和蘭陀士官であるという。

つまり、散歩という舶来の行為が日本にもたらされて、それにともなって、ステッキもまた普及したというのである。勝海舟のステッキ（ヘッドに磁石がつけてあった）のことについては、勝海舟が『氷川清話』で自ら語っている。

たしかに、散歩という習慣は幕末、明治まではなかったようである。ぼくも大学の造園史の講義の中で、江戸時代までは、寺社巡りや物見遊山（ものみゆさん）という習慣はあったが、目的ももたずただ歩くという散歩という習慣はなかったと習った記憶がある。

そういえば、そもそも都市公園のはじまりというのが、日本にやってきた外国人が「散歩するための苑路を必要としたことからだ」ということも習った。そして、そのとき、彼らがしきりと訴える「散歩」という行為の意味が、当時の日本人にはなかなか理解できなかったということも。

つまりは、明治期は、いまならなんでもない、散歩という行為そのものが、ハイカラであり、ある種、特権的な晴れがましいものだったのかもしれない。そして、それに、かねてからある中国伝来の文人趣味が混淆（こんこう）する。

すでにふれたが、杖、洋杖、そしてステッキ――物見遊山から散歩へ。

漱石は、その推移のまっただ中で生きたようである。「漱石とステッキ」――それをエディプス・コンプレックスの意味で解く、著者の視点にも目を見張らされるが、ぼくはまた、ステッキを手にする、あるいは手にしなければ落ち着かないステッキ愛好者が街にあふれた時代背景や都市空間を、ある種、初々しい文化の証し、とうらやましく感じてしまうのである。

それにしても中澤宏紀氏の『漱石のステッキ』、力作です。

さて、ぼくの、ステッキとステッキにまつわる文芸作品の、八幡の不知藪（やぶしらず）的な逍遥もひとまず終焉（しゅうえん）の地を求めたい。

この章の最後に、市島（いちじま）謙吉（春城（しゅんじょう））のステッキに関する一文を掲げて掉尾（とうび）を飾ることにしよう。多少なりとも杖と杖材のことを知る者にとっては、思わず膝をたたく記述が何ヵ所もある。出典は『春城代酔録』（昭和八年・中央公論社刊）より。

「杖道楽」

世間には杖道楽で熱心の人がある。道楽となると、自然、蒐集を事とする。杖も種々のものを集めれば数限りもなくある。材料が多般であるは勿論、産地も広く世界に亙つてゐる。或は名家の手沢を経た杖だとか、旅行記念の杖だとか、握りに意匠のある杖だとか、さま〴〵あつて一々挙げるわけにゆかぬ。杖も実は一種の骨董である。少くとも杖の蒐集を趣味としてゐる人が杖を見る事は骨董同様で、実用は必ずしも目的でない。この点になると、骨董を賞玩（しょうがん）するのと、その揆を一にする。杖を玩ぶ人の中に、主力を握りに置くものがある。金銀珠玉象犀その他さま〴〵の彫刻のある握り、それが精巧であれば、他の部分はどうでもよいやうに思つてゐる人もあるが、そんな人は骨董においても杖においても幼稚（ようち）の人で、共に談ずるに足らない。握りは蝙蝠（こうもり）傘のそれと同様のもので、取りつければどんなものでも取りつけ得られる。飾りがましいものを杖の上端に嵌（は）め、杖の一物一体を損ずる事が既に面白くない。骨董などでいへば、蓋のある器物は必ず同作のものでなければならぬ。握りをつぐ事は他作の蓋を用ゐるやうなもので、杖を片輪にするのである。杖の美は決して握りの美にあるのではない。尤も一物一体を損する事なく杖の上頭に趣味ある握りを作るのは敢（あえ）てあしくないが、附けものは大体褒めたものでない。骨董の極地は高雅を喜ぶ。杖においても同じくあらねばならぬ。先づ杖に必要の条件は、真直でなければならぬ。堅牢でなければならぬ。そして割合に軽くなければならぬ。太さは上頭より下部に至るに随ひ多少細くならねばならぬ。握りは必ずしも屈曲を要しないけれども、屈曲を欲する握りは、材が屈曲性を帯びるものでなければならぬ。種々の材を見立て丶、適当に用ゐる事は妨げないが、多く人工を加へず、自然に前述の条件の備はるものがあれば、杖として珍重すべきである。

日本には竹が頗る多種あって、節の多いものなどが自然杖として用ゐられてゐる。これは適当に握りを曲げる事も出来、前掲のあらゆる条件を備へてゐるので、天然のものとして最も杖に適する。昔は等身以上の畸形の竹に瓢などを吊して風流がつたものだが、今でも西園寺公などは好んで等身の杖を用ゐてをられる。しかし余りに長いのは仙人らしくもあり、按摩らしくもあつてをかしい。また騎馬用の鞭も多く竹を用ゐたが、これは地を衝くものと自から異つてゐる。支那の軽薄才子の杖は日本の鞭の如く細いが、それは洒落のために携帯するので、杖の本質を具備してゐない。日本の竹は、なんというても杖の適材である。西洋諸国には竹がないから、外国趣味のものとして大いに歓迎さるべきであるが、全体生産の日本国では格別高価のものでなく、且つ竹がまだ外国に十分理解されないために大なる声価を博さないが、前途は有望のものと思はれる。竹には虫の巣が存して一種の紋を印した斑竹といふがある。その斑に黒色のと赤色のとあつて、杖としても趣きのあるものだ。節の沢山であるのも一種の趣きがあるけれども、人に依つてはこれを嫌ふものもある。西洋に十分声価を博さないのは、或はこの点にあるかも知れぬ。

西洋でも英国は特に杖の嗜（たしなみ）があり、紳士たるの一条件であるかの如く、外出には必ず杖を伴ふ。歩行しない場合でも杖は侶伴（りょはん）である。但だ日本の如く地上に衝くものは少なく、腕にかけたり、肩にかけたりしてゐるものが多い。恰（あたか）も婦人がパラソルを携へて歩くのと一般である。英国でどんな杖を一番珍重するかといふと、籐の上に出るものはない。籐は杖たるべきあらゆる条件を備へ、竹の如く多節でない。中には全然無節のものもある。有り触れた籐には一尺毎に節があって、一節毎に細くなつてゐるが、英吉利（イギリス）では加工して節を除くから無節のものと見紛ふものもある。この籐は肌が滑かで玲瓏（れいろう）たる質を有し、斑竹の如き斑点もある。この斑は人工で作つたものもあるが自然のが最も賞玩され、随つて価も高い。紫檀や蛇樹なども杖とされてゐるが、到底籐の高雅に及ばない。自分などは杖に親しんでから十幾年と経つが、いつも購（あがな）ふのは蘇格蘭（スコットランド）のアッシで、之には露骨に節があるけれども、自然のまゝで軽くもあり、堅牢でもあり、持ちこむと一種の色沢を発して趣味を生ずる。五年七年持ちこんでやつとよくなると、道中で置き忘れたりする事があつて、何より惜しく感じ、旅行には駄杖を特に選んで携帯する事にしてゐる。いつぞやも自転車に衝き当つて大切な杖を折つて、今でもその残骸を保存してゐる。自分もいろ〳〵の杖を購つてみたが、矢張り籐の有斑無節のものが一番よいやうに思はれる。

Part 3

ステッキ夜話——人生いろいろ、ステッキもいろいろ

こんな豆本にもステッキが

書生っぽい万年床（よく干してますが）と、読み書きをする机、そのうしろの本棚、ここには、ぼくがとくに愛着をもっている本を並べてあるのだが、その中の一冊に、函入りの小さな本がある。いわゆる豆本。

柴田宵曲『文学・東京散歩』（昭和五十五年・日本古書通信社刊・「古通豆本41」）

ぼくには、豆本コレクションの趣味はまったくない。ただ、かつての文士の、極く極く短い、サラッとした文章を集めて一冊にまとめた本が、なぜか好きなので入手した。

神保町・三省堂ならびの三茶書房の二階、たしか内田魯庵や斎藤昌三の本が陳列されているガラスケースの上に、古書通信社の豆本がズラッと並べてあった。

柴田宵曲の、この『文学・東京散歩』も、またこれも宵曲による『煉瓦塔　近代文学覚え書』も、ここで手に入れたものだが、これらが、ちょっとした、世相や文士のエピソードを拾い集めたような一冊（鶯亭金升『明治のおもかげ』や大庭柯公『江戸団扇』あるいは野村胡堂『胡堂百話』の随筆も、このスタイル）。

◆ あっ、ここにもステッキが ◆

柴田宵曲『文学・東京散歩』表紙（原寸）
左のマント姿の左側に細いステッキがあるのが見えるでしょうか。
これに気づいた人間は……。

それにならって、いつのまにか手元に集った、ステッキにまつわる小さなエピソードを、あれこれ思いつくままに紹介したい。題して「ステッキ夜話」とでもしようか。ステッキ世界のあれこれが、ぽつり、ぽつりと浮かび上がってくるかもしれない。

ところで冒頭で紹介の豆本、宵曲の『文学・東京散歩』が、実はこれが「ステッキ本」なのです。これに気づいたのは、日本で(ということは、この本が日本語の限定本なので、世界で)ひょっとして、ぼく一人かもしれない!

この豆本の、どこが「ステッキ本」かというと——本表紙に、なにやら高台から下の町を眺める二人の人物のシルエットの写真が配されている。なにげない、しかも小さな写真なので見過してしま

うだろうが、左の人物の左に、うっすらと棒状の影が……もちろんステッキである。もしかすると、この人、宵曲先生ご自身だったりして……。(はたして、発行者の八木福次郎さんの「あとがき」には——シルエットになっているが一目で柴田さんとわかる——と書かれているのを知って、ますます、この豆本が愛しくなる)。

この豆本、かなり前に入手したもの。奥付を見ると「二五〇部限定」とある(でも値段はたしか千円か千五百円程度だったはず)。

つまり、この本を買った二百五十人のうち、この表紙のシルエットの人物がステッ

キを持っていることに気づき、嬉しがったのは、(世界で)ぼく一人ではなかったか、という次第。——自慢するほどのことではなかったか。

と、まあ、このように、ステッキに関心がなければ、さしたることではないような話を、ここに書きとめておこう。もし、これを読んで嬉しがってくれるとしたら、あなたは世界のうちの(かなり、もの好きな)何人かのうちの一人になるのかもしれません。

こういったステッキ話を書くのも酔狂、こんなものを読む人も、酔狂というわけです。

ステッキ散弾銃を使った日本人

仕込み杖には勝新太郎が演じた座頭市が手にする仕込み杖など、物騒(ぶっそう)なものもあるが、大正末、散弾銃(ショットガン)が仕込まれたステッキ(本当に物騒です)で人を襲った事件が起きた。

しかも襲われたその「人」とは、時の裕仁(ひろひと)皇太子(後の昭和天皇)。襲った人物は、無政府主義者の難波大助(なんばだいすけ)。世にいわれる「虎ノ門事件」(大正十二年十二月二十七日)

◆ 多分誤解？ ◆

たまたま昭和初期の漫画史本を見ていたらこんな古い外国漫画が。「ステッキ銃でせう、ありゃ？」という言葉が出てくる。かつてのロンドンではステッキ銃はさほど珍しくはなかったのか。リッジウエル画。『女の世界』(昭和3年・中央美術社刊)

である。

事件に使われた、このステッキ散弾銃は、衆議院議員の難波大助の父が所有していたもので、もともとは、伊藤博文がロンドンで手に入れ日本に持ち帰ったのを、人を経由し大助の父に渡ったしろものだという。

しかし、大助の虎ノ門での皇太子狙撃は失敗。現行犯逮捕され、後に死刑。

この事件をめぐって、大助の父や兄など、周辺の人物の、その前後の物語も実にドラマチックだが、ここではふれない。

それにしても、ショットガン仕込みのステッキなどというものが、あったのですねえ。さすがロンドン。もちろんこれは、〝狙撃用〟として製造されたのではなく、狩猟用という。しかしねえ、散弾銃をねえ……。

また、何の目的があってか、ただの好奇心か、それを入手、持ち帰った伊藤博文という人も、興味ぶかい。もっとも、伊藤自身、安重根というテロリストに狙撃され命を落とすのだが。

戦時下でも若き文士はステッキを手に

『徳田秋声伝』『わが荷風』『私のなかの東京』『なぎの葉考』『相生橋煙雨』などで、今もコアなファンがいる小説家（ぼくも愛読する作家の一人、この人の散歩力と東京の町に対する記憶力は並ではない）野口冨士男の、ステッキに関わる話と出合った。

水上勉『文壇放浪』（平成十三年・新潮文庫収録）の中、若き日、文学を志す野口冨士男の姿にステッキが登場する。

昭和十五年、つまり真珠湾急襲による日米開戦の一年前の十二月に結成された八人の若手作家の集団「青年芸術派」で、野口は中心的立場だったが、水上は、この頃の野口の散歩姿を記憶している。軍国色濃い時代である。

私はその野口さんが、卵色のパナマ帽をかぶって、絽の単衣に足袋をはき、雪駄（せった）でステッキをついて一口坂（ひとくちざか）へ出られるのと、ごいっしょしているのだが、さて、この時、どのような話をしたのかおぼえていない。

世の中が戦時色一色に染まっている時に、野口が、まるで泰平の世の文士のままの格好で街を歩いていたことを、水上は心にとどめている。

反骨、というか背筋のシャンとした都会派というか、野口の気質がうかがえる。

それはともかく、ぼくが、この水上の一文に接して改めて気づかされたのが、――昭和十五年、「青年芸術派」という同人誌を立ち上げた若き小説家（このとき野口、二十九歳）が、街を行くときに「ステッキを携帯していた」――という一事である。

「杖、ステッキは年寄りのもの」と誰もが思い込んでいる今日の〝常識〟からすると、信じがたいことのようだが、逆に言えば、世の〝常識〟などというものは、時と状況によって、どのようにも変化するというよい証しになるかもしれない。

「ステッキ」という存在は、無言で、〝世の常識〟の不確かさ、変わりやすさを訴えかけている。ただ、今のわれわれに、その声を聞き取る習慣や能力があるかないかだけの話である。

失意の魂にステッキが寄り添う

　残された著作はきわめて少ないが、具眼の士に「随筆文学の真髄、随筆の楽しみを味わいたいのならこの人」といわれてきた岩本素白（堅一、明治十六年東京生まれ・一九六一年没）の随筆が、嬉しいことに文庫本で読めるようになった。

　一冊は「岩本素白随筆集」と銘打たれた『東海道品川宿』（来嶋靖生編・平成十九年・ウエッジ文庫）。この翌年にもう一冊、『素白随筆集――山居俗情・素白集』（平成二十年・平凡社ライブラリー）。

　この二冊の文庫判・素白集の両方に収録されている「壺」と題する一文に、ステッキが登場する（読書の神は、ときとして、こういうプレゼントをして下さる）。

　素白の随筆を部分だけ取り出し引用するのは心苦しいことですが、全文掲載というわけにもいかないので……。

　　東京を出る時、私が別れを告げに行つた古い友人は、玄関を出ようとする私に、後ろからステツキ〳〵と呼び掛けた。洋杖の一本を持つて行けといふ親切であつた。洋杖どころでは無いと思つて貰はずに来たが、野山を歩いて居るうちに、しみ〴〵洋杖が欲しくなつて来た。

空襲で「総てを失って流離の旅にいる私」の周辺についての話である。素白が戦禍から逃れるために東京から旅立つにあたって、素白の古き友は、手元のステッキを持っていけ、と言ってくれたのである。

この友人、素白への深い友情とともに〝ステッキの、なみなみならぬ効用〟について精通していたご仁といわなければならない。

しかし、素白は「洋杖どころではない」と友の申し出を断る。で、その後日談——、「しみじみ洋杖が欲しくなった」素白は、ついに、

> 秋の彼岸過ぎの或日、私は裏に積んである粗朶(そだ)の束の中から、手頃なものを引き抜いて、一本の杖を造つて見た。それは何の木か、少しくねつた細い木であつたが、南天の様な木肌の、青みがゝつた鼠色の底に、鮮かな朱の色を沈めて居る、堅く粘りの強い木で、素朴な強靭な所が、丁度この山国の人の様でもあつた。私はそれを突いて近くの野山や川の畔りを歩き廻つた。

とあり、これに続く一節が、いかにも文人学者・素白の行いとなる。

> やがて又秋晴の或一日、その杖に、狂多くして出遊(しゅつゆう)を愛す、といふ五つの文字を刻んで見た。高青邱(こうせいきゅう)の句であつた。

被災によって蔵書他一切を失った落魄、失意の素白が、一本の杖とどれだけ深い交情を結んでいたかが、うかがえる一節ではないか。

この杖の材質は何だろうか、たしかに南天もステッキの材になる。またはニワトコ（接骨木）？　あるいは、木肌に「鮮やかな朱の色を沈めている」というから、椿か。ちなみに、ニワトコも椿もまた、ステッキの材として適し、実際に用いられている。

伴侶となった杖に詩文を彫る、で思い出したのだが、井伏鱒二もすでに紹介したが竹の杖に詩文を彫って、人に贈呈している。この杖をもらったのが井伏を師とする小沼丹。そこに彫られた詩が「弄花香満衣（花をもてあそべば香り衣に満つ）。よく禅僧が掛軸に書き、茶室などに掛けられる言葉というが、なんか色っぽいですね。

井伏はもう一つ竹に詩文を彫っている。

彫られた言葉は「花発多風雨　人生足別離」。これをどう読むかは、井伏ファンなら先刻ご承知のはず。わからない人は、すでにこの本のどこかで紹介していますので、さがして下さい。

それはともかく、素白が彫った高青邱の「狂多くして出遊を愛す」もいいですねえ。漢詩では「狂多愛出遊」。散歩愛癖者にとっては座右の銘としたいものです。

しばらくして素白は、この杖をたずさえて、焼け野原となった東京へ帰ってくる。

主にとっては帰還、杖にとっては混乱の地——東京初上りというわけである。

平凡社ライブラリーの『素白随筆集』の巻末に、よき読者人であり随筆家の鶴ケ谷真一による解説が付されている。これがまた「ステッキ文」。

題して『素白先生の魔法の杖』はこう書き出される。


　素白先生は魔法の杖を持っていた。それは、積まれてあった粗朶のなかから手頃な一本を引き抜いて、先生みずからが手作りした杖だった。読書や執筆に倦むと、先生はその杖を手にして、ふらりと散歩に出かけるのだった。


そういえば、この解説文の中でもふれられているが、この二冊の文庫本に先だつ平成十三年に池内紀編による選集『素白先生の散歩』(みすず書房刊)が刊行されている。

すでに記したように、この選集の編者の池内紀氏も現代の日本で数少ないステッキストの一人。昭和六十年刊の池内さんの『M博士——往来の思想』(青土社刊)には「ステッキをめぐる考察」という、ステッキ愛好者にはたまらない一文が収められている。

池内さんの近著、『ひとり旅は楽し』(中公新書)にも、ステッキに関わるうれしい一文がある。

「ステッキをお伴に」の項。全文紹介したいところですが、それでは盗用になってしまう。自制して十行ほど。

先だっては鈍行を乗り継いで大阪へ行ったが、握りの丸いのにした。正解だった。電車が横並びの座席のとき、前にステッキを突き、両手をかさね、その上に顎（あご）をのせていられる。バランスがとれて、いいぐあいに揺られていた。老犬などが昼寝のとき、何かの出っぱりに顎をのせているが、頭というのは使わないとき、よけい重く感じるものなのだ。

ステッキはもともと歩行を助ける杖であろうが、幸いにも、私はいまのところ、助けてもらわなくてもいい。むしろ手の延長とこころえている。足元の何かが目にとまったときなど、ステッキでつついてみる。川底、軒先、木の幹――ふつうはせいぜい顔を近づけるだけだが、ステッキをのばせば触れられる。むやみに手の長い怪人に変身できる。

いいですねぇ、この雰囲気。ステッキの握りの上に顎をのせる姿を老犬の昼寝に重ね合わせる。そして、「頭というのは使わないとき、よけい重く感じるものなのだ」という。さりげなく投げかけられるニクイ警句。

また、ステッキを「手の延長とこころえて」、「ステッキでつついて」みたり、「ステッキをのばせば触れられる」、という、この一文は「むやみに手の長い怪人に変身できる」で締められるのだが――なるほど、池内紀さんは、やはり優しい風情の、じつは

「怪人」であったのか。

ステッキが、ドイツ文学者にしていまだに青年のような放浪癖のあるらしい池内さんの、楽しいファントム性を露見させることになる。

ステッキが案内人となって人と人、文芸と文芸が結ばれてゆく。

ステッキは「握(にぎ)り」と「石突(いしづ)き」にご注意

ステッキに「左手用」と「右手用」があるのはご存知でしょうか。もちろん、ほとんどのステッキは右手で突こうが、左手で突こうが問題ない。介護の場合は、支障のある足腰の反対側の手に持つ。

しかし、「握り」(グリップ)のデザインによっては、右手、左手のどちらかに対応するようにできているものがある。いわゆる「フィッシャーステッキ」といわれる、主に介護用としてデザインされたものがそれで、握力の弱い人でも用いられるように左手用、右手用とデザインされている。

とにかくに、このタイプのステッキを買い求めるときは、そのグリップを握り、掌になじむかどうか試してみることである。

ところで、この「グリップ」「握り」の部分だが、「取っ手」「ハンドル」ともいう。ぼくなどは、この部分が犬や鳥の形をしていたりしているステッキも多いので「ヘッド」と言ったりもする。

この「握り」の代表的デザインとして「クラッチハンドル」「ダービーハンドル」「クルークハンドル」がある。その他「スプーン」「ピストル」「ゴルフ」や「犬の顔」などの「アニマルヘッド」などなど、その形状から呼びならわされている。「握り」に接続する部分、杖の本体は「柄」「支柱」とも。「軸」でも間違いではないだろう。ステッキ業界では、ここを一般的に「シャフト」と呼ぶ。

そしてステッキの先端、ここを「石突き」と言う。ロンドンなどステッキを手に石畳を突いて歩いたので、この呼び名となったのだろうか。ゆかしい印象の呼び名である。ぼくはアンティークのステッキを買い求めようとするときは、この「石突き」を必ずチェックする。一見、時代物のエレガントなデザインでも、石突き部分が投げやりな感じであったり、チャチだったりしたら、首をひねらざるをえない。

逆に、そこがニブイ白色の、つまり象牙であったりすれば本物だ。かりにそれが他の動物(たとえば水牛)や魚の骨(ボーン)、あるいはセラミック材のレプリカやコピーのステッキであったとしても、こだわりのあるものなら一定の敬意を表する。

また石突きを見れば、そのステッキがどこで用いられるべきものかを知ることができる。たとえば石突きがピッケルのように尖ったものである場合は、街用ではない。野山を歩くときのものである。

かつての仕事仲間、いま飲み友達の若き女性作家・石田千さんがフランス土産に「ポール・セザンヌの杖」というのを買ってきてくれた。その石突きも、やはり鉄製で尖っていた。セザンヌは、画材とこの杖を手に、あの、サント－ヴィクトワール山の麓まで行き、画架を立てたのだろう。

スペインのコルドバで入手したステッキは、石突き部分が洋銀で細かな模様が彫られている。これなど、手に持つことはあっても、最初から〝突く〟ことを目的としていないデザインである。ブレヒトの「三文オペラ」の主人公・マックの短かめの仕込み杖も、いつも小脇にかかえられていた。昭和初期のモダンボーイ（モボ）もこの本の中で、いくつも紹介しているようにステッキを、突くのではなく、かかえている図が残っている。

ステッキ材の王、寒竹とスネークウッド

われわれがステッキという言葉を聞いたとき、どんな材質、デザインを思い浮かべるだろうか。

今日は一般には介護用ステッキがほとんどなので、耐久性があり、安く、比較的コストの安いアルミニウムやアルミの合金あるいはチタンやカーボンの合金で、色や柄のヴァリエーションも豊富で、ツルツル、ピカピカしている。

では、介護用ではないとすれば……日本での代表は竹材によるものではないだろうか。竹のステッキは洋装にも合うが、和服の場合、ピタッと調和する。ただし、高齢者向きのイメージはある。この竹材、ピンからキリまであり、根部を用いての寒竹のステッキなど数十万円もするものもある。

日本では竹は豊富にある。軽く、丈夫で、古びるほどに味わいが出てくる。握りの部分を曲げるのも比較的容易で、場合によっては井伏鱒二や岩本素白のように文士自らが詩文を彫って楽しむこともできる。竹は日本のステッキ材として主役を占める。

これに対し、洋杖の最高級材の一つとして知られるのがスネークウッドだろう。産地はブラジル・アマゾン河流域やギアナ、コロンビア、西インド諸島といった熱帯地方。スネークウッドの名のとおり、つややかな肌に蛇柄、蛇紋が浮かび上がる。硬く、高密度の材で、なんと、水の中では沈んでしまう。

蛇紋の質やグリップの装飾によってはこのスネークウッドのステッキは今日、数十万から百万円を越えるものも珍しくはない。

ところが、戦前、昭和初期の頃には、一般の人たちでも、この「スネークウッド」の存在を知っていたと思われる。今日では信じられないステッキ文化のレベルである。

その証拠(?)を示そう。

昭和初年に流行した「ジャズ小唄」、西條八十(やそ)作「当世銀座節」。


銀座、銀座と通う奴は馬鹿よ、帯の幅ほどある道を。

セイラーズボンに引き眉毛、イートン断髪(クロップ)うれしいね。

い、い、い、い、い、スネークウッドを振りながら、チョイと貸しましょ左の手。

(以下略、傍点・著者)


これは、昭和四年、四六書院から刊行された「通叢書」の中の一冊、小野田素夢(そむ)著『銀座通』の中で紹介されているが、この本の中には他にも「スネークウッド」が登場する。

私も四月頃の「週刊朝日」誌上で、「銀座・春のナンセンス」と題した左のような漫文を書いた。

とあり、

◆「握り」と「石突き」にご注意◆

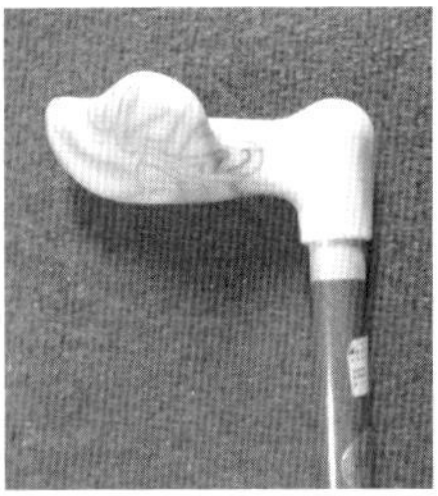

これがフィシャ ーステッキか。握りに右用、左用があるのでご注意。

この装飾的な石突きを見たら“実用”と思う人はいないはず。

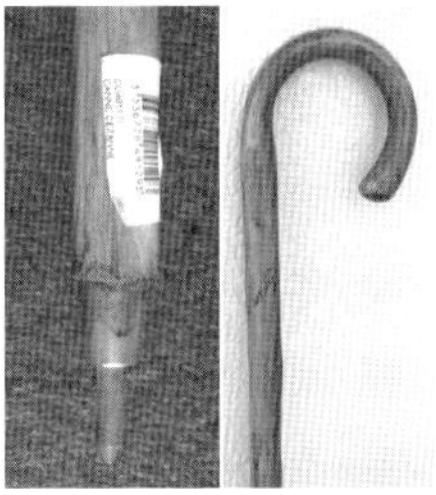

こちらの石突きもとがっているが、こちらは実用。いただいたセザンヌのステッキだ！

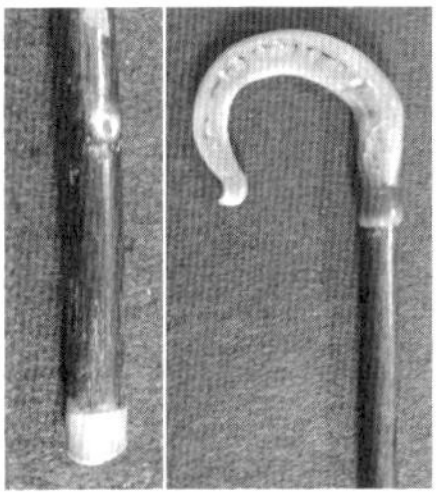

自然材の軸の下に鹿(?)の骨が石突きとして付けられている。これは上等品の証し。

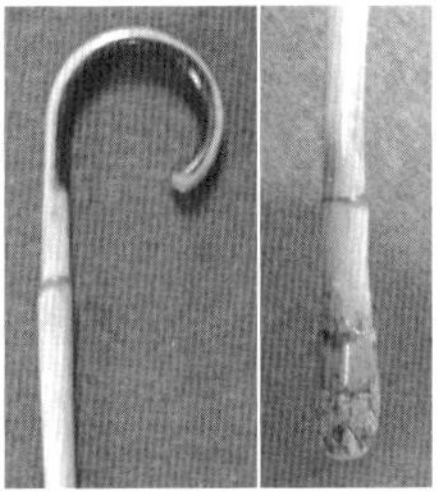

これは珍しい。柄よりも石突き部分の方が太く大きくなった竹のステッキ。スペインで。

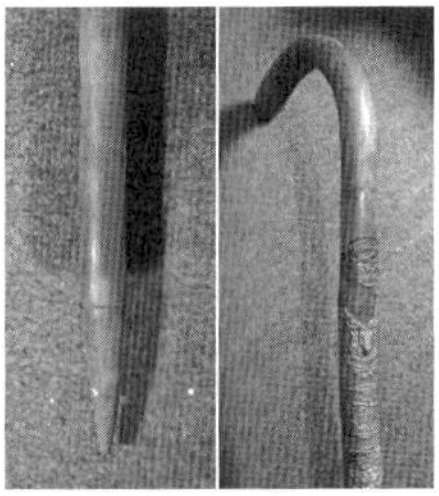

この石突きもセザンヌのステッキ同様、とがっている。オックスフォードで購入。

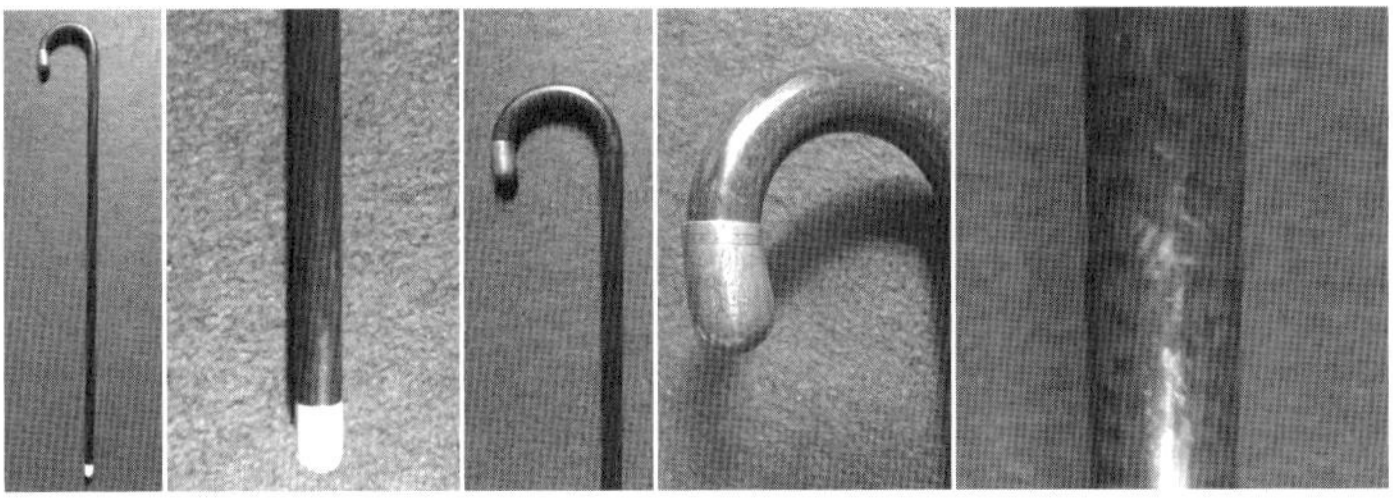

まず手にしたとき、そのズシリとした重さと全体のバランスのよさが伝わってきた。すぐに石突きを見る。象牙だ。ヤバイ！　軸にはうっすらと蛇紋が。ハンドル部分の先は銅(?)の彫りものが入れられたキャップが。そう、これこそがスネークウッドのステッキだったのだ。

——男装したストリート・ガールが現れるんだって……黒の背広に黒のソフト、スネークウッドのステッキなんか小脇にかかえて、（以下略、傍点・坂崎）

ことほど左様に、なんの説明もなく歌やエッセイにスネークウッドは登場している。世の中の人がスネークウッドというものを知っていることを前提としているからだ。今日、ステッキや銘木業界の人以外で、この言葉が通じる人は何人いるのだろうか。

このスネークウッドは、その蛇紋が、なにか不思議な文字のようでもあるとして、「レターウッド」、あるいは模様がヒョウ柄にも似ることから「レパードウッド」とも呼ばれる。

スネークウッドに近い材にバウサンド（黒スネーク）があり、こちらもブラジル・アマゾン流域他熱帯に生育。スネークウッドよりやや軽く、まだら模様が特徴で「神の木」とも呼ばれているというが、ぼくはまだ実際に手にしたことはない。

こんなにもあるステッキ材、と金子光晴の「硝子のステッキ」

○スネークウッドの材質は、きわめて硬く重いことで知られるが、非常に堅いステッキ材として鉄刀木（タガヤサン）がある。この高級材は、名前からもいかにも堅そう。高級材の三大銘木として、「紫檀（したん）、黒檀（こくたん）、タガヤサン」などと並び称される。インド、フィリピン、ビルマなどで生育。色は黒と紫系。

十年以上も前になるか、都心のデパートで「銀座タカゲン」のステッキを製作する高橋英雄氏が、このタガヤサンの材のステッキを出品していた。それを手にしたが、たしかにズシリと、威厳を感じさせる重量感があった。

○黒檀（エボニー）も高級材として用いられる。よく知られるように漆黒の艶があり、堅く、重く、加工がむずかしいが、ステッキにした場合、格調というか、手にして、ズシリと、安定感がある。産地はインド、タイ、インドネシアなどの熱帯地方。

○パリサンダー（インディアンローズウッド・本紫檀）も高級ステッキ材として用いられる。布でカラぶきするだけで美しい艶が出る。東インド・マダガスカルが産地。

○籐も熱帯地方の深林に生育。非常に軽く節は竹に似る。その節がポイントなのだが、節と節の間が長いほど高級品。一メートルを超えるものはめったになく貴重という。三十センチぐらいの短いものを加工したのは「焼籐」「塗籐」といわれる。

チャップリンの手にするケーンは、この籐による杖といわれているが、映画「街の灯」などを見ると……あの、節立った杖は寒竹である（二〇一二年、チャップリンの例の山高帽とステッキがオークションにかけられた。その写真を見るとそれは寒竹ではなく、どうやら籐のよう。五一〇万円で落札された)。

◯通称アッシュ(英名・ホワイトアッシュ)も、木肌は明るく、ステッキの銘木の一つ。和名では「アメリカトネリコ」と呼ばれる。このアッシュは野球のバットの材としても知られる。原産はアメリカ北部だが、今日は主にイギリスで栽培されているという。

その他、ステッキの材としては、カエデ(メープル)、アゼリア(つつじ科の一種)、ハシバミ(ヘーゼル)、セイヨウイチイ、アカザなどがある。アカザは材がやわらかく、軽く、日本で古くから用いられているが、このアカザによる杖を常用すれば「中風」にならない、という言い伝えがある。それ以外にも、花梨(かりん)、サクラ、ケヤキ、ブナ、樫(かし)、ブドウ、オリーブ、くるみ(ウォルナット)などなどがよく用いられている。

今日の俳壇最長老の一人、後藤比奈夫(ごとうひなお)の句に「髯欲しや藜(あかざ)の杖を突くからは」や、「杖は賞(め)で藜は花は見しことなし」がある。

動物系では、鼈甲(べっこう)や鯨、鹿や水牛などの角(ホーン)。

変わった材では、サンゴ、ガラスでもステッキは作られている(もちろん、握りの部分だけという場合もある)。

ずいぶん前、知人の女性から、ガラスのステッキを作る人がいる、と聞いて、(オブジェとしてオシャレではあるかもしれないけど、ガラスのステッキなんて、すぐにこわれそうで、街へは持ち歩けないな）と思ったことがある。

しかし、そういうものが、昔から実際にあったんですね。いまでも多くの人に読まれている金子光晴の『ねむれ巴里（パリ）』（中公文庫ほか）に、この、ガラスのステッキというものが出てくる。タイトルもズバリ「硝子のステッキ」。ブリュッセルでの話なのだが、途中から引用する。

> その街の中心部に近く、時々蚤（のみ）の市がひらかれて、千断（ちぎ）れたスパンコールのドレスや、ふるい手まきの蓄音機などが並べられる広場に近い、ぼろ骨董屋に、ガラス製のステッキを見付けて、買いに入ったときの店にいたユダヤ人の娘で、この娘は濃い黒髪で、（中略）ガラスのステッキは、相当な時代ものらしいが、トンボ玉のようなきれいな糸のなかでもつれたような模様が入ったものだった。

目に浮かびますね。そのガラスのステッキの模様……。欲しいなぁ、いや、見るだけでもいい。実際に、手にとって見てみたい。

ところで、その金子光晴のガラスのステッキは、

> 僕は、それをついて歩けるような世界を夢見るつもりでいたが、その世界を

みつける先に、ガラスは折れてしまった。

やっぱりガラスのステッキは、折れやすかったか……。逆に言うと、欠けやすく、折れやすく、扱いに細心の注意が必要だからこそ価値がある、ともいえるのだろう。「丈夫で、長持ち」もけっこうだが、逆もまた尊く愛すべきものなのである。

ちなみにベルギーの首都・ブリュッセルはガラスの生産が盛大で、日本の「旭硝子」の社員も研究のために派遣されていたことも金子光晴は記している。

と、まあ、こう、一見冷静に引用しているが、じつは、金子の『ねむれ巴里』をなに気なく読んでいるときに、こういう、ガラスのステッキについて語られている一節に出合ったときのうれしさったらないのです。

金子光晴には、どうやらステッキに対する愛好癖があったようで、金子の代表作の一つ『風流尸解記（しかいき）』（中公文庫ほか）にも、こんな一節がある。

　僕はどこまでも生き延びようとはおもわなかったが、かの女の死んだあとの凪（な）ぎわたった空気のなかで、しばらく足を止めて周囲を眺めていたかったのだ。

　僕は、茶碗や皿をみているようなさり気なさで、用水にうつってそよいでいる草の穂や、漏電している電柱や、薊（あざみ）たんぽぽの花や、たちまち血の気を喪わせるような雲の表情のかわりやすさ、一九四九年を背負って移ってゆくその不安とあわただしさなどを、鮫皮を柄にした黒檀のステッキにもたれるようにしてながめた。

「鮫皮を柄にした黒檀のステッキ」——ぼくなどは、こういう文章に出くわすと、文章の流れ、ストーリーより、こんなステッキが、もし今日の日本で売られていたらいくらぐらいするのだろう、と思ってしまう。鮫皮の取っ手で、支柱の材はエボニー・黒檀となるとかなり高級品である。と、いうより、ステッキ文化の廃れた昨今、こういうシャレたステッキは、まずお目にかかれないだろう。

そういえば、この金子光晴の、じつにイカシたステッキ姿を思い出した。それは、浅草のお祭りのときのスナップ。御輿台の脇に着流し(というか少々だらしがないくらいラフな)姿でステッキに重心を傾けて立つ、いかにも老文士の金子光晴。

若き日、異国の地での放浪の生活、その日々の中で手にしたモダンなステッキとの交流あってこその、この超俗の雰囲気のステッキ姿なのかもしれない。付け焼き刃や、自分を権威ずけるために手にするステッキでは、こうはいかない。人とステッキが一体となった「人杖一体」のステッキ姿である。

ステッキと道化と無礼講

ステッキというもの、それを手にする姿は粋でもあるし、また、どこかコッケイでもある。威厳を示すこともあるし、軽薄を露わにすることも少なくない。

ぼく自身は、当然のことながら後者の（妙な人間、フザケタ奴……）と見られることを前提としてステッキを手にする。つまり、そんなかっこうをすることで世の中を多少オチョクッテいるつもりがある。道化ぶり、といってもいいのかしら。

もともとが、杖を突く必要などない者が、ことさらそんなものを手にして人前に出ること自体がナンセンスなのだ。介護用以外の杖・ステッキの携帯は本来、バカバカしいものである。しかし、こういうバカバカしいことを行うことが生きている面白さではないか。そんなことでもしなけりゃ、この憂き世、バカバカしくて、やってられないではありませんか。

バカバカしいこと、不必要なこと、無意味とわかっていることを、人前で行い、人の目にさらすことは、一種のおどけ、つまりお道化である。

高橋康也（やすなり）著『道化の文学――ルネサンスの栄光』（中公新書）を読んだ。と、いうことを

◆モガ・モボのご両人に幸あれ！──その1◆

①おやまあ！　日本人離れした美男子とファニーな美人。モガ・モボのカップルが街を闊歩する。女性はハイカラな和装で男性の方はラッパズボンのスーツに手にはステッキ。八木原捷一描く「銀座ジャズ風景」（昭和４年）。この二人の姿を見やる女性たちの視線がまたいい。前田愛・清水勲編『大正後期の漫画』・筑摩書房刊より。

②「新婚夫婦」と題する田中比左良による昭和初期の作品。結婚してもモガとモボはモダンな生活を楽しんだ様子。ラッパズボンと蝶タイの彼の後ろにステッキの先が見える。『人生漫画帖』（昭和７年・大日本雄弁会講談社刊）

③「よっ！　ご両人！」足どりも軽くモガ・モボの散歩風景。夏帽とステッキがよく似合ってます。細木原青起画文。『晴れ後曇り』（昭和４年・現代ユウモア全集刊行会刊）

ここで報告しているのは、もちろん、この本に杖・ステッキに関連することが書かれているからである。

フランソワ・ラブレーについての章の中で杖と道化についてが言及される。

「棍棒」（または杖）こそは、トリックスター神ヘルメスの昔からコメディア・デル・アルテのアルレッキーノや「パンチとジュディ」のパンチのもつ棒をへてチャプリンのステッキにいたるまで、道化にとって欠かせぬ小道具であるからだ。この棍棒は恐ろしく多目的使用の品物であって、チャプリンがよくやって見せるように絶妙な攻撃用武器にもなるし、王笏（おうしゃく）のパロディ（アレクサンデルのごとき国王への批判）でもある。

ここで、ぼくなりの〈注〉を。

○ヘルメスと杖は縁が深い。「ヘルメスの杖」については「蛇杖」などと別稿で。

○「コメディア・デル・アルテ（コメディア・デラルテ）のアルレッキーノ」は仮面をつけた即興喜劇に登場し舞台をひっかきまわすトリックスター（アルルカン）。棍棒のようなものを手にして登場することが多い。わかりやすくいえば、服装は異なるがサーカスにおけるピエロ役に近いか（ただしピエロは杖を持たない）。

○「パンチとジュディ」の「パンチ」はイギリス人形劇の登場人物なのだが、やはり棍棒

◆モガ・モボのご両人に幸あれ！―― その2◆

①「自動車の通ったあと」。せっかくオシャレしての散歩がこの始末。モガ・モボ台無し。モボのステッキはかなり太め。モガのヘアーは「耳かくし」型。そして着物にパラソルという当時流行のスタイル。細木原青起画。『現代世相漫画』（昭和3年・中央美術社刊）

②「男？女？」のモボ・モガが「おれたちの銀座だとばかりに幅をきかしてあるく」とある。細木原青起画。男は末広がりのラッパズボン、女性は断髪、コートから出ている足は、おきまりの大根足。『現代世相漫画』（昭和3年・中央美術社刊）

のようなものを持つ、いかにもマザー・グース的キャラクター。このパンチ、赤ん坊は放り投げるわ、ジュディを棍棒ではり倒すわ、とにかくあたるをさいわい犬やワニはおろか、医者や警官も殴り倒し、死刑執行人を縛り首で処刑し、ついには悪魔をも殴り倒すという、人道無視、動物虐待、法規蹂躙（じゅうりん）の、神も魔も恐れぬなんとも、大無礼講大会的ふるまいを完徹する。

こういう人物に棍棒や杖を持たせてはいけませんね。しかし、人形劇の観客にとっては、痛快至極でありましたでしょう。「道化がやらなくて誰がやる」といったところですね。

○威厳や権力の象徴でもある杖（この場合は「笏（しゃく）」と称される。杖・ステッキと近親の「笏」「儀杖」「牧杖」についても別稿で）は、場合によっては一瞬でコッケイや物笑いの種に反転する。それを仕掛けるのが道化であり、その道化になくてはならぬのが杖・ステッキというわけである。

この本の「あとがき」で著者はこう記している。

私が本書でやろうとしたことは、要するにエラスムス、ラブレー、シェイクスピア、セルバンテスという四人の作家を読み直すということである。作家の持つ**ペン**が道化の**杖**とダブって見えてくるところまで一所懸命読むこと——洒落るつもりなら、本書は「ペンと杖」という題にしてもよかったかもしれない。と。ぼくもそう思います。メインタイトルは『道化の文学』のまま、ただしサブタイトルが、いかにも陳腐な〈ルネサンスの栄光〉では、この内容に対して失礼。せめて〈ペンとステッキの栄光〉では？——と（ちょっと道化ぶってみました）。

ちなみに「道化」とは、もともとは仏教語で、人の生きるべき道、「仏道」を「教化」するための行為であったという。しかし、こむずかしい講話では民衆はなかなか聞いてくれないので人を引きつけるため、面白おかしく演じているうちに、どんどん、そちらの方へ突っ走ってしまって、今でいう「道化」となってしまったという。この、「道化」の起源そのものが、かなり道化っぽいけど、本当かしら。

リンボウ先生のステッキ話と「James Smith & Sons」

情報は向こうから舞い込んでくる。といっても、これはもう十三年前のことになるのか……。

新聞をとっていると、その社のＰＲ誌のようなものが届けられる。雑誌名は「暮らしの風」(朝日新聞)、もちろん無料だ。そういう類の印刷物など、めったに手に取らないのだが、そのときは、どういう風の吹きまわしか、ページを開いたようだ。

そこにステッキ記事が掲載されていた。当然、切り抜いて、とっておいたのですね。いま、十三年ぶりにそのページを見ている。リンボウ先生・林望氏の「ステッキの趣味」と題する一文と、(これは相当使い込まれましたね)、というハンドルのはげかかった杖と、それを嬉しそうに突いている林望氏の写真。

文章は、こう始まる。

「ステッキを突いて歩くなんていかにも爺むさいという感じがするかもしれないが、これがどうしてなかなか快適である」とし、散歩のときにはステッキを突くことにより、姿勢をよくし危険を防ぐことになるし、またパーティなどの場では、お辞儀を何度もしなければならないので絶対に必要、「ステッキなしで10人もの人にお辞儀などしようものなら、翌日はもう腰を痛めて動けない」と説く。

そして、リンボウ氏、「銀のヘッドにぞうげの細工なんてものは持っていない」と言いつつ、ご自身愛用の「Folding Stick」をロンドンのステッキ専門店「James Smith & Sons」で入手した「まったくの安物で人様にお目にかけるようなものではもとよりない」、とさりげなく語る。

◆東西今昔ステッキ店比べ◆

ぼくのステッキ趣味を知って、京都在住の画家にしてシブイ文筆家のH氏が戦前（大正時代？）の「日高ステッキ製造卸商」の店の前の写真（絵葉書）を送ってきてくれました。それにしてもおびただしいステッキの量。

イギリスの有名な傘とステッキの専門店。「James Smith & Sons」にて。夢見るような豊富な品揃え。

で、この一文は、その愛用のステッキが「文字通り私の相棒である」と締められる。

さすが、うまいですねぇ「私の相棒」とは。

ところで、このエッセイの中に登場する、ロンドンのステッキ専門店、ぼくも偶然、散歩中、店の前を通りかかり入ったことがあるのです。このときも嵐山光三郎氏と、嵐山氏のかつての学友で聖書研究家として知られるプロフェッサー・秦剛平氏とオックスフォードやバースに遊び、帰りがけにロンドンに寄ったときのことである。

やぁ、さすがステッキの本場イギリスである。あんなに種々のステッキが大量に並んでいる光景を見たことがない。また、そのデザインが多様なこと!

同じくステッキ好きの嵐山光三郎氏も、いっそう眼を光らせ、あれこれチェック。

ぼくの記憶では、スキットルの仕込みと傘の仕込み、二本購入したはず。

スキットルの仕込みは、ぼくは、すでに持っていたので(このとき、ぼくのスキットル仕込みも、この社の製品であったことがわかった)傘の仕込みのみを入手。

で、帰りがけに、品物といっしょにパンフレットをもらったのだが、いま、そのパンフレットをチェックすると……リンボウ先生のステッキが、「Folding Walking Stiks」のうち、「Joined maplewood crutch handle」であることが判明。

なぜか「やったね!」という気分になったのでありました。

福沢諭吉、新島襄のステッキ話

なぜ明治期、多くの男性が杖、ステッキを手にしたか——という理由の一説に、それまで腰に差していた刀が廃刀令により禁止され、腰のあたりがさびしく、手持ちぶさたであったために、かわりに杖が登場した、という説。

あるいは幕末から文明開化の明治にかけて、外国との交流がさかんになり、彼の国の紳士たちが手にするステッキ姿に影響を受けた、という説。

あるいは、これも幕末から明治期、日本にも「散歩」「遊歩」という行為が〝輸入〟され（江戸時代は「物見遊山」や「寺社巡り」はあったが「散歩」という習慣はなかった）、どうやら散歩にはステッキがつきものらしい、ということで、散歩の習慣の流行とともにステッキも普及した、という説。

などなど諸説あり、どれもが一理あり、とも思われるが、とにかく明治以後、老いも若きも、紳士の手にはステッキが握られることになる。

つい先日も新聞に（朝日新聞・平成二十五年七月二十一日付）「福沢諭吉」の特集記事があ

り、その中の「おちゃめな諭吉」と題してこんな記事が。
○初めて米国に渡り、チョンマゲ姿で白人少女を〝ナンパ〟し、一緒に写真に納まって周囲に自慢した
これに関しては、ぼくは「たまたま写真館にいた娘さんと、いっしょに記念写真を撮った」と記憶しているが、ま、どちらでもいいか。
○居合の名人だったが攘夷の間は「危ない」と刀剣をしまい込んだ
ふーん、諭吉が居合の名人だったとは知らなかった。それはともかく「散歩する諭吉」についても書かれている。
○尻端折り、もも引き、鳥打ち帽に特注の杖で、毎朝五キロ以上散歩した。娘を連れて東京・三田の自宅から横浜近くまで歩いたことも。
とある。開化のモダン派、とくに洋行帰りの人は、よく散歩したのですね。のちの森鷗外、夏目漱石もですが。

ところで、諭吉が散歩のとき、手にしていた〝特注の杖〟とは、どんな杖だったのだろう。見てみたいな。また、この記事のネタ元の本は何だろう。『福翁自伝』なら、写真館のことは、ここでちゃんと語られているのだけれど……。

もうひとつ、これも朝日（平成二十五年十月二十一日付）に、今度は、同志社創設者、

というよりは「八重の桜」の新島襄（にいじまじょう）の記事が出ていて、ここでも、ちょっとしたステッキ話が登場する。新島襄にくわしい人なら皆知っているという「新島神話」の一つ、「自責の杖」。

これは、同志社で学生ストライキが起きたとき、手にしていた杖で自分の手を打ち、これによって学生がストライキをやめた、というエピソード。杖は科人（とがにん）の罪を白状させたり、罰したりする具としても用いられる。それで罰杖。

ところがこの新島襄の「自責の杖」が最近の研究では、どうやら〝神話〟らしい、ということになってきている。〝偉人〟につきものの〝神話〟〝伝説〟ですか。

しかし、この〝神話〟、新島襄が、よく杖を手にしていなければ生まれえない。「自責」は〝神話〟かもしれないが「杖」は事実だったはずである。

福沢諭吉といい、新島襄といい、明治の人と杖とは、浅からぬ縁があるようです。

泉鏡花作・新派「婦系図」の二本のステッキ

三越劇場の十月公演を見た。「新派百二十五年・新派名作撰」と銘打った今回の演目は、おなじみ泉鏡花作「婦系図(おんなけいず)」。泉鏡花といえば平成二十五年は「鏡花生誕一四〇年」という。

このところ、ぼくの遊び場の神楽坂と鏡花の故郷・金沢市の交流がさかんだ。神楽坂といえば硯友社(けんゆうしゃ)・尾崎紅葉が神楽坂の横寺町(よこてらまち)に住み、その玄関番となった泉鏡花が、紅葉宅を出てからは師の住いにほど近い、いまの東京理科大裏の家を借りる。

鏡花は、硯友社の新年会の座に出ていた神楽坂の芸者・桃太郎と知りあい、交情を結ぶ。これを知った尾崎紅葉が、文学修業中の身でありながら師に隠れて芸者とねんごろになるとは、と「文学をとるのか芸者をとるのか」と鏡花を叱責する――このいきさつが、のちに鏡花の「婦系図」の作品となる。とまあ、よく知られる明治文壇のエピソードだが、鏡花と神楽坂との縁は濃く、深い。

鏡花と神楽坂――「鏡花が結ぶ縁かいな」、というわけで、金沢と神楽坂の交流がさかんになっているのだが、その中心メンバーの一人が、神楽坂に隠居場をもち、泉鏡花賞受賞者でもある嵐山光三郎氏。

で、三越の「婦系図」に話は戻るのだが、嵐山氏が「旦那」となって、友人一同、この新派の舞台の招待を受けた。ロビーでウェルカム・ドリンクの缶ビールで乾杯してのホロ酔い気分で観る舞台はいいものである。

◆明治男たちのステッキ事情——その1◆

①明治37年ごろの神楽坂の情景。中央の紳士の二人、紅葉と鏡花と見立てたくなる。その右側のコートの男性がステッキを突いている。もちろん、この時期、二人は神楽坂の住人。山本松谷画。明治37年「風俗画報」増刊「新撰東京名所図絵」(牛込区之部)より

②これはまたキメまくりましたね。羽織姿で山高帽、左手にステッキ、右手にタバコ。藤澤衛彦『明治風俗史』(昭和4年・春陽堂刊)の表紙挿画。(画家不詳)

③神楽坂「芸者新道」の情景。この道と呼び名は今日でも残っている。2階の窓の芸者を見上げるのはステッキを手にした粋客。①と同じ号の山本松谷画「新撰東京名所図絵」より。

ご存知「別れろ、切れろは芸者のときに言う言葉」とか「月は晴れても心は闇だぁ」と、おなじみのセリフを聞けるのもうれしい。

また、花街が物語の舞台なだけに、バックに新内の三味線やバイオリンで「さのさ」が弾かれたりするのも、いかにも江戸の名残りと文明開化の明治期らしい。

と、新派「婦系図」を楽しんだのですが、この舞台を観ていて、(なるほど!)と、あらためて気づいたことがある。それは——他ならぬ、ステッキのことである。芸者・お蔦と相思相愛の若き早瀬主税がステッキを手にしているのである。と、この劇にはもう一本、ステッキが登場する。こちらは敵役・河野家の主人の持つステッキで、これが、じつは刃の入った仕込み杖。

これは、いかに明治期、ステッキというものが生活の中で用いられていたかのひとつの傍証でしょう。

「婦系図」の舞台となった湯島の境内には、「新派」の碑や、鏡花由来の「筆塚」が立つ。しかし、残念ながら「杖塚」は、ここにはない。いや、この湯島でなくても、ぼくはこれまで「杖塚」、「杖碑」というものを、この目で見たことがない。「針塚」や「眼鏡碑」があるのだから、ずっと人を支えつづけてきた杖の碑や塚があってもいいと思うのですが、日本のどこかにそういうものがあるのでしょうか。あれば、ぜひ、その地に訪れてみたい。

「C・チャップリン&愉快なステッキ展」と「タカゲン」のYou Tube画像

「東京駅の大丸でステッキの展覧会をやってるよ。知ってた?」と高校の同級生だったM君から電話が入った。いや、知らなかった。ぼくのステッキ好きを知っての連絡である。ありがたいなぁ、こういうの。

で、この「C・チャップリン&愉快なステッキ展」を覗いてみた。入場無料、加えてチャップリンのポストカード、プレゼント付。この展示を主催したのは、ステッキの専門店で知られる「ステッキのチャップリン」。

この「チャップリン」の店主の山田澄代さんは業界では有名な人。ご自身が二歳のときポリオで足が不自由となりステッキが必要となった。その体験をもとに商品開発をして、転倒予防医学研究会推奨の製品を開発している。

その「チャップリン」の山田澄代さんによるステッキコレクションが一堂に展示された

のが「C・チャップリン&愉快なステッキ展」。

いいや、ありますねえ。すごい、すごい。すてきなステッキが。例の、宮中の鳩杖はもちろん、これはアール・デコ？　モダンなガラス細工のステッキ、あるいはハンドル部分に人魚や龍、ライオン、あるいはモンスターなど精巧きわまる彫像をほどこしたもの。

取っ手そのものが、木彫でバラの花を持つ手であったり、美女の顔であったり、材質もスネークウッド、黒檀の銘木から金・銀、銅、あるいは象牙、また、ヴェネチアングラス（？）。

ちょっと興奮気味で、あれこれ目移りして平常心を失ってしまった。できれば一日中、この会場にいたいくらいだったが、そうもいかず、うしろ髪を引かれる思いで会場をあとにしたのだが、オシャレでお元気そうな山田澄代さんご本人にお目にかかれたのも嬉しかった。

大丸には、「チャップリン」のショップがあるのだが、このような展示を企画してステッキ文化の普及に貢献していらっしゃることが素晴らしい。ぜひ、このような展示をこれからも開いてもらいたい。有料でもいいです。

ステッキ店といえば銀座の「タカゲン」も日本のステッキ文化には貢献している。創

◆ 明治男たちのステッキ事情——その2 ◆

①このダンディな男を見よ！　なにやら思いに沈む風情だが、白手袋に細身のステッキ。尾崎紅葉『多情多恨』（岩波文庫より）。梶田半古画。

②同じく『多情多恨』より。とある料亭に上がる二人。足元にはステッキの先が見える。明治期、ステッキは紳士の必需品だったのだ。久保田米僊画。

③碑の前に立つ若い紳士二人。左の彼の服装、チェックの上下にハンチング、そして右手にはちゃんとステッキ。明治中期（?）の錦絵（部分）。文芸誌の口絵か。中島（?）春郊画。

業が明治十五年。以来、ステッキ氷河期の戦後も、今日までずっと銀座に店舗をかまえている。

銀座大通り六丁目から新橋に向かって右側の店舗のウィンドウには袋物や傘といっしょにステッキが飾られている。十年以上も前になるが、雑誌の取材で、この「タカゲン」のご主人から、宮中での長寿の鳩杖を見せていただき、お話をうかがったことがある。また「タカゲン」のステッキを作っている江戸川区・松江の高橋英雄氏の「ティーポイント　ヒデオ」工房を訪ねたこともある。

工房の中には、沢山のステッキ材が立てかけ並べられ、ステッキに加工するためのいろいろな工具など、まるで木彫造型作家の工房のような雰囲気であった。

ぼくは、ここでカエデのオリジナルステッキ「雲」を入手した。それも、特別に、材を磨いたままで色を塗らず地の色のままで、と注文してあつらえてもらった。年月を経るにつれて、色が濃くなってゆくのを楽しみたかったからである。

ところで、ついこのあいだ「タカゲン」を検索したところ、You Tubeで「タカゲン」の杖を作っている製作工程の映像が見られた。この映像の撮影現場は多分、あの松江の工房だろう。

それはともかく、こういうステッキの製造工程を一般に公開するというのも意味のあることと思う。自社の製品の信頼性を高めるとともに、一般の、ステッキへの理解度を高めることとなるからである。

そうそう、つい先日、銀座通り「タカゲン」の前を通り、ショーウィンドウをのぞいたら、袋物は消えてステッキ中心のディスプレーに。つい店内に引き込まれるように入ると、完全にステッキ専門店にリニューアル。嬉しくなってしまい、店員さんとステッキ話をしてしまった。

「タカゲン」のリニューアルはステッキ文化復興の兆しか。とにかく、うれしい。ステッキのズラリと並ぶ店内は、ちょっと敷居の高い感じがするかもしれないが、まずは、「見るだけ」でもいいじゃないですか。楽しいですよぉ。そのうち一本は欲しくなる。

杖・ステッキの神話的うんちく話

外国に行ったとき、その町でステッキを売っている店があるかどうか聞こうとして通じなかった経験がある。英会話がぜんぜんできないからである。あちらでは単に「ステッキ」ではダメで、ちゃんと「Walking Sticks」と言わなければいけないと知った。

ところで、この「ステッキ」、例のチャップリンが持つのは「ケーン」と呼ばれる。その他に、用いられる状況や形によっても、いろいろな呼び名がある。一般には、知っていても知らなくてもどうでもいいようなことだろうが、サラッとチェックしておこう。

○Cane――主に籐の材でつくるステッキで、籐の場合は節の間の長いものほど珍重される。チャップリンが手にしているように、よくしなる杖で大きくカーブするので実用というよりはオシャレ用のものが多い。マラッカケーンが有名。

ところで「チャップリンといえば籐のケーン」と思われているが、「街の灯」などで手にしているのは明らかに寒竹である。その証言があった。

チャップリンをプロデュースしたキーストン喜劇会社の関係者の話。「チヤツプリンだつて初めから今のやうな扮装をしたんぢやないんだ」と語りはじめられる。

ところで、或る日チヤツプリンはこれもね映画好きにはお馴染のチエスター・コンクリンが使つていたダブ〳〵なズボンを穿いて、デブ、アーバツクルが円々と肥つた顔の上にチヨコナンと被つてゐた小さな山高帽を被つて、スターリングが穿いてゐた大きな、バク〳〵の靴を穿いて、それから例の寒竹のステツキ、こいつはそれ迄にもチヤツプリンが離さずに持つてゐたものなんだが、兎に角そうした装で現はれた。私はそれを見た時には直ぐ様、アツ、こいつは受ける！　と思ったが、果してその通りだ。（東健而著『ユウモア突進』（昭和五年、現代ユウモア全集刊行会刊）。

この文によるとチャップリンは「寒竹のステッキ」を「離さずに持ってゐた」ことになる。そうか、とすると、彼は籐と寒竹、二種の材のステッキを持っていたということか。と、どうでもいいことが気になり、チャップリンの杖を持つ写真を何枚もチェックしたことがある。

○ケーンから話が横道にそれた。杖の名称話に戻る。「Wand」という言語がある。もとは土を耕す農具だったというが、これが魔法使い、シャーマン、道化、呪医の持つ魔法の杖に昇格。魔女がこれで物を指し示したりするとカボチャが一瞬にして豪華な馬車になったりする。

○魔法、呪術の杖としてはセイヨウイチイYewの材で作られるゲール人の「白い杖」や、ハシバミHazelを用いられるケルトの魔法の杖がある。

セイヨウイチイの樹は永遠の生命のシンボルで、むやみに伐採したり燃やしたりするとバチが当たるといわれ、森から家に持ち帰ったり、クリスマスの飾り用としてはいけないとされている。よくしなる材のため弓材としても用いられるという。

○ハシバミHazelは、眠りの神・ヒュプノスの持つ魔法の杖で「眠りと忘却の力」を持つといわれる。また、聖地への巡礼が突く杖として、また棒占いでも、このHazelが最も多く使われたという。例の、鉱脈をさがすためにY字状の棒をつくり地表を歩く、あの材がHazelである。

　われわれ日本人一般には、ほとんど無縁の杖、錫杖の名称を例記しておこう。

○Maceは司教や儀杖隊などの手にする杖、笏(しゃく)、鉾(ほこ)など、権威のシンボルを称する言葉で、もともと中世の時代、敵のかぶとを叩き割るための槌(つち)に由来するという。

○Crook/Crozierは牧杖といわれる取っ手部分がクェッションマークのように曲がった杖。もともと羊飼いの杖が「権威・指導・裁判権」のシンボル、さらには王であることとの表象の一つとなった。また、この杖には「善き牧者」のイメージから「慈悲」「深き信仰」の意味を表す。エジプトでは死者を裁くオシリスの持ち物として知られている。

○Rod/Staffも「力・権威・威厳」、あるいは「旅」や「巡礼」の象徴で笏杖ともいわれる。

　日本でも遍路、巡礼の際には必ず遍路杖を手にし、修験者や信仰登山では六角や八角の檜木材の白木杖が用いられる。

　ジャラン！　ジャラン！　と音がする金剛杖は、もともと武器であった金剛杵(しょ)や密教で用いられる独鈷杵(とっこしょ)を型どったものといわれる。

○Crutchは松葉杖。聖アントニウスのエンブレム。また、農耕神サトゥルヌスの持ち物

◆ ビアズレー描く『サロメ』にヘルメスの蛇杖が！ ◆

オスカー・ワイルド『サロメ』。挿画はビアズレー。お気付きでしょうか？　この、なにやら禍々しいイラストレーションの右下の男（ワイルドを描いたという説あり）が前に抱えている蛇のからんだ杖がヘルメス・カドケウスの杖。（福田恆存訳『サロメ』岩波文庫より）

で「守護者・介護者」の象徴。

○Caduceus（カドケウス）は柱に二匹の蛇がからみついた杖で、蛇杖と呼ばれる。二匹の蛇は二つの対立する事物、たとえば「苦しみ（毒）と癒し」、「病気と健康」、「結ぶ力とほどく力」といったものの調和と統一を象徴する。

ヘルメス（メルクリウス／マーキュリー）が手にする杖がこの蛇杖。またエジプトのイシス、バビロニアのイシュタルも蛇杖を持つ。

オスカー・ワイルドの、『サロメ』の挿画をオーブリー・ビアズレーが描いているが、その中にワイルドに模したと思われる人物が、この蛇杖を手にしている（岩波文庫収録）。気がついた人は、いるでしょうか。

もう一つの蛇杖がある。こちらはギリシャ神話のアスクレピオスの杖と呼ばれ、二匹ではなく一匹の蛇がからむ。「医学・治療」のシンボルで医師会などのマークに使用される。

中にはカドケウスのように杖に二匹の蛇がからむ医学関連のデザインもあるが、これはアスクレピオスの杖とヘルメスの杖が混同したものという。

ヘルメスは、翼のついた帽子と羽の生えたサンダルをはく。神の伝令役であり、もともと商業のシンボルで医学とは関係がない。

ヘルメスの蛇杖が両義性を表すとすれば、モーセの杖も錬金術における「溶解」と「凝固」を意味するという。

その他、花をつけ芽吹く杖は「宇宙軸」「宇宙樹」を意味し、則縄付尺棒、測量用の杖は復讐の女神・ネメシスの持ち物であり「時間」の象徴でもある。

また、分かれ道などで、どちらの道を選択するかで迷ったときに杖を立て、倒れた方向を選ぶという杖占いもあった。

などなどの杖のもつ、さまざまな法力に思いを至すと、しばし黙考、頬杖でも突きながら、はるか時空を越えて、イメージの翼をはばたかせたくなる。

ステッキの誤った用い方

昨今は健常者でありながらステッキを持つ人がほとんどいないのだから、「誤った用い方」もなにもないようなものだが、今後、少しは、かつてのようにステッキ文化が復活したときのことを想定して、この一稿をつづってみよう。

たしか「××とステッキは使いよう」みたいな一句をすでに書いた気もするが、逆に言えば、「いけないステッキ・マジック」、つまり、ステッキの持つ効力の誤った使い方、という例を挙げてみる。

徳富蘇峰のように、ステッキで、自動車の座席を後ろからつっついたり、人力車の車夫の頭を「早くしろ!」とこづいたりするのは、あまりホメられた行為ではない。ステッキのハンドル部分は、人の頭をこずくためにデザインされているものではないからだ。

もっとも蘇峰先生、ステッキには並々ならぬ愛着を抱いていたようで昭和八年十二月の「書物展望」(新年特別号)に徳富蘇峰『成簣堂閑記(せいきどうかんき)』(書物展望社刊)の出版広告が掲載されていて、その中に「洋杖漫談」なる項目がある。

限定本ということもあってか、また一度も手にしたことがないが、なにかの機会に、この「洋杖漫談」は読みたい、いや読まねばと思っている。

なんの映画か忘れてしまったけど、列車のコンパートメントの隣りの部屋にステッキでコツコツと突いて合図を送っているシーンがあった。あまり強く突くと仕切りの壁が痛みますね。オリエント急行や九州ななつ星のような高級車輌だったら絶対、嫌がられます。

アメリカの四コママンガで上の階の住人の物音がウルサイので、下から杖で天井をゴンゴン突いているのがあった。これも時と場合によっては、とんだトラブルの原因にも。

これも、なんの映画だか忘れたが（ひょっとして「マック・ザ・ナイフ」の「三文オペラ」?）とっさのとき、ステッキで照明を割って逃げる、といったシーンがあった。まぁ、緊急のときは仕方がないのでしょうが、ワイルドな行為である。

内田百閒大人（たいじん）は、ステッキのヘッドで駅員の部屋のドアのガラスをコツコツと叩いておりますが、これもちょっと……。かなり偉そうではありません。間違っても人の家を訪問したときにはやらない方が無難です。

もともとステッキというシロモノ、持っている人の気持ちはともかくも、周りの人には、ある種、攻撃的な心理も与えるようである。たとえば、例の内田裕也氏の手にあるステッキ。あの胸の前でシャフトを握るあの持ち方、ちょっと剣呑（けんのん）な感じを受けるのは、ぼくだけでしょうか。あの目の前で、裕也氏に対してキツイ突っ込みを入れる勇気はぼくにはありません。それこそ、彼の手にするステッキで突っ込まれるか横なぐりにされる気がして。

ステッキを手に散歩するときも注意が必要である。傘のようなものもそうなのだが、長い棒状の物は、常に近くの人に当たらないか配慮しなければならない。無神経な持ち方をすれば武士の場合の刀の鞘当（さやあ）てと同様のトラブルを発生しかねない。「傍（そば）杖を食う」のも、食わされるのも避けたいものである。

また、ステッキを手にして嬉しいからといって無闇（むやみ）に振りまわすのも危険。すでに紹介ずみだが、井伏鱒二がステッキを手にしているとき、ちょうど雨が降りはじめた。すると井伏は、こうすると雨に濡れない、と思ったのかそのステッキを頭でグルグルと振りまわしながら帰っていった、というが、稚気というか戯気というか、愛すべきものかもしれないが、正しいステッキの使用法ではない。

ステッキは、楽しく清く正しく美しく使用しましょう。

Part 4

ぼくの愛杖（ステッキ）生活
――いつでも杖を

別れても、好きな杖

人生は出会いと別れの連続だ。

幼いころ、また思春期、青年時代あれほどの心の痛みを伴った別れが、このごろは、ほとんど鈍痛のようにしか感じられない。親しい人の死ですら、そんな感じなのだ。悲しみに耐えられる体力、精神力がなくなったため、自然に感覚が鈍くなってしまったのか。悲しく、苦しくないのは楽でいいが、この、いわば、この冷淡な感じが、自分ながら不気味で、少々コワイといえばコワイ。

ところが、その一方、ちょっとした物をこわしたり、なくしたりすると激しく後悔することがある。落して割れた鼈甲（べっこう）製のペンケースの破片をいつまでもとっておいたり、どこかでなくした、気に入っていたボールペン一本、安物のマフラーなど、あきらめきれずに、あちこち問い合わせたり、心当りの場所をたずねまわったりする。

ステッキに関しても、当然、そうだ。ぼくのステッキは、ほとんどが海外で入手したもの。なぜかというと、まず、値段。イギリスにせよ、イタリアにせよスペインにせよ、日本で買うよりぐんと安い。中国でならば五分の一、いや十分の一くらいかもしれない。日本で一万円の物なら中国では千円ちょっとか、せいぜい二千円くらい。それに、海外では日本では絶対に見かけない妙なデザインのものがある。ぼくは、いわゆるマトモなステッキを入手しようとは思ってないので、これがありがたい。その国、その国で、なんでこのデザインなの？　なんでこう彫るの？　というヴァリエーションが、ぼくの文化人類学的好奇心を否応なく刺激する。ゆえに胸ワクワク入手する。だから一本、一本、そのステッキと出会ったときの思い出がまとわりついている。

その街のたたずまい、ステッキが置いてある店を見つけたときの時間帯、その店の雰囲気、店の人とのやりとり……。そんなふうに入手したステッキを後生大事にかかえてホテルに戻り、そしてやがて旅は終わり、ステッキとともに日本に帰ってくる。

このようにして、ぼくのもとにやってきてくれたステッキたちなのだが、そのうちの何割かは、友情の証しとして友人に謹呈することになる。「どうよ、コレ」、っていう自慢の気持ちもある（贈与に共通の感覚でしょう）。

ところが……こちらから勝手にプレゼントしたくせに（あのステッキどうしてるかなあ。嫁ぎ先で冷遇されたりしてないだろうなあ。もしそうだったら、戻ってきてもらってもいいんだけどなあ）などと愛娘を嫁がせた子離れできない父親、みたいな未練たらしいことを考えたりしている。

もっと辛いのは、ちょっとした自分の不注意で傷をつけてしまったり、どこかに置きわすれて紛失した場合である。当然だけども、使い勝手がよく、あちこち持ち歩いて愛用しているものほど常に破損や紛失の危機にさらされている。

先日、この本をまとめるにあたって、かつて雑誌の求めに応じて何本かのステッキを並べて掲載した写真を見たが、そのうちの三割ほどが、人にあげたり、失くしたりして、手元から離れていってしまっていることに気づかされた。

時は流れる
ステッキは消える
無傷な心はどこにある

人を失って、そう嘆き悲しみはしないのに、ステッキぐらいを失って、ウツウツとしたり、激しく落ち込んでしまうのか、私という人間は！　まさに玩物喪志（がんぶつそうし）。

でも、事実だから、仕方がない。

手元にあるステッキのあれこれを取り出し、ハンドルや軸を磨いたりしていると、いまは無い、失ったり、離れていってしまったステッキのあれこれ、あの愛しいスタイルやたたずまいを思い出さずにはいられない。ステッキはものを言わないだけに、愛

◆ 伊達男ステッキを手に町を行く——その1 ◆

①まさにハイカラーのシャツに蝶タイ。手には細いステッキ。パンツは昭和初期と違ってパッチのように細い。明治30年前後の風俗か。左の女は「高等地獄(娼婦)」とのこと。浅井忠画。①②③とも『近代漫画集』(昭和3年・中央美術社刊)

②『近代漫画集』のうち「散歩家列伝」。前川千帆画(大正7年「恋と算盤」)。大正初期はまだ着物にステッキだ。

③同じく大正7年「恋と算盤」より。前川千帆画。しかし、この男性のステッキ(握りはピストルという型)の持ち方はユニーク。

しさもつのるのだ。これは、まるで死んだ子の歳を数えるようなものではないか。

そうか、そうとなれば、この魂をなぐさめ、ここらで未練を断ち切るためにも、傷つけたり、失ったステッキのことを記しておこうか。

ぼくの不注意で傷ものにしてしまったり、人にあげてしまったりしたステッキたちよ、決して君たちのことを愛してなかったわけではないのだよ――ということ、それだけは、別れ別れになったステッキたちにわかってもらいたいのだ。

○[転倒で傷ものに]

大事に大事に扱ってきたステッキなのに、つい傷ものにしてしまう不注意の最たるものは、立てかけたステッキの転倒である。

それは、グリップの部分がドッシリと重い錫(すず)製で鷹のデザインだった。このステッキをワインバーの椅子の横の壁に立てかけておいたのがいけなかった。なにかのひょうしにゴツンと転倒、見ると錫の細工の部分が凹んでしまっていた。

前にも一回転倒したことがあるのに、そのときはなんでもなかったので油断した。学習しなかった罰である。このステッキにすまないことをした。以来、倒れやすいステッキは最初から隅に寝かせることにしている(店の傘置に入れるのは嫌だ)。

◆伊達男ステッキを手に町を行く——その2◆

①精一杯胸を張っての男振り。もちろん腕にはステッキ。それをニコヤカに対応する年輩の腰の後ろにもステッキが。細木原青起画『晴れ後曇り』(昭和4年・現代ユウモア全集刊行会刊)

②『晴れ後曇り』の本表紙(布装)のイラストレーション。いやあ、モダンですねえ。まさにステッキ本のために描かれたようなイラストレーション。細木原青起画『晴れ後曇り』(昭和4年・現代ユウモア全集刊行会刊)

③これまた、なんとモダンなスタイル！　夢二の時代のコマ絵的ステッキ画。後ろの彼は女性のショールを持ってやっている。お安くない。酒井忠康・清水勲編(『大正前期の漫画』<北澤楽天・小川治平>昭和60年・筑摩書房刊)

○［二度失くした仕込み傘］

ロンドンで驚くぐらい安い仕込み傘を買った。全体が太めの竹のステッキのような風姿で明朗な印象。仕込みの鞘は四分されていて、つまり傘を出したあとは四分の一に短くなる。その鞘も薄手で軽く、使い勝手がいい。そして仕込まれている傘はイギリスならではの細身。

これが、そう、日本円で三千円もしなかった。ぼくとA氏は、いい掘り出し物を見つけた、と喜び合いながら一本ずつ買った（たしか、そのとき在庫は二本しかなかったはず）。

その仕込み傘ステッキをいつも愛用していた。

そういえば、「永井荷風を散歩する」、といったテレビ番組に出演したときも、ステッキとして腕にブラ下げて歩いたが、折よく向島で撮影中に小雨がパラつき、一見、なにげないフリを装いつつも、自慢気にステッキから傘を取り出したりしたのだった。

その仕込みの鞘の方を、ある日紛失した。雨が降り出したので傘を出し、縮めた鞘をカバンに入れるつもりが、多分、タクシーの座席に置き忘れたらしい。タクシーは本当に鬼門だ。その鞘がなければ仕込みにならず、単なる傘でしかない。つまり、そ

◆伊達男ステッキを手に町を行く――その3◆

①パイプをくわえて、時計をながめ、細身のステッキ。これぞモボ。藤本斤夫『現代世相漫画』(昭和3年・中央美術社刊)

②車内の一景。ステッキを尺八がわりに。粋なのか野暮なのか。細木原青起画『人生漫画帖』(昭和7年・大日本雄弁会講談社刊)

③こちらは「オレは町中で一番」を気取ったハイカラ紳士。反り身でエレベーターに向ったのはいいが……。近藤浩一郎画『異国膝栗毛』(昭和3年・現代ユウモア全集刊行会刊)

④豪勢ですなあ、この紳士。きれいどころを3人も連れての遠出ですか。散歩の必需品ステッキはもちろん手に。堺利彦『桜の国、地震の国』、挿画は細木原青起。(昭和3年・現代ユウモア全集刊行会刊)

の仕込みは鞘がなくなってしまったために、ぼくの自慢を満足させる役割を担えなくなってしまったのである。

この話を、一緒に傘を買ったA氏にすると、「ホウ、そうなの。じつはぼくは仕込みの傘の方を失くしちゃってね、鞘だけ残ったのを、なんとなく取って置いたんだ。それ、やるよ」と言ってくれたのである。

有難い！　ぼくの仕込み傘は復活！　ヨリが戻った。再び、そのステッキとぼくは行動を共にすることができるようになったのです。

ところが……あっけなく別れが。

ある雨模様の空の日、例によって、その仕込みステッキを手に電車に乗った。座席の端に座れたのが、あだとなった。パイプには傘やステッキの取っ手が掛けられる。そして、そこに掛け忘れたまま下車してしまったのだ。それも、しばらくの間、気がつかなかったのだから、よっぽどどうかしている。気がついたときは、事、あまりに遅し。万事休す。

あのステッキは、主に忘れ去られ、一人、座席のパイプの振動にゆられながらどこまで行ったのだろう。そして、どんな人に拾われたのだろう。新しい主人は、そのステッキが傘の仕込み、とわかったのだろうか。わかったときの気持ちはどんなだっただろう、そしていまは主人に可愛がられているだろうか……などなどと、思いやられるのである。

というわけで、ぼくは、ロンドンで出会った、この傘の仕込まれたステッキを二度も失くしたことになる。本当に、すまない。以降、ぼくは車中、座席に腰をおろしたとしてもステッキは必ず手に持つか、股の間に挟むようにしている。

○「ステッキから人間世界をのぞき見る」

失くした場合は、まさしく取り返しのつかぬ思いで打ちのめされるのだが、人に謹呈したステッキの行く末も気になる。

旅行中、最初から人にあげるつもりで何本か買ったステッキはそれなりの気持ちのふんぎりがついているからいいのだが（と、いっても、あのステッキは彼のところに、あれはあの人のもとに、としつこく覚えている）、問題は手元の中から人に差し上げる場合である。

（何十本もあるのだから一本や二本減ってもいいだろう）などと考える人は、コレクターという人種の「愛の心理」に、あまりにも無知である。こういう人には頼まれても上げたくない。どうしても、ということになったら、身銭を切ってでも日本で入手できるステッキを買って、そのご仁に渡してしまいたいくらいである。

ところで、世話になってきた知人が腰を痛めるようになった。そういう年になったのですね。また、気のせいか、酒飲みは腰を悪くすることが多いようだ。とにかくこういうときこそ、日頃のお礼のチャンスではある。ぼくは手元のステッキの中から比較的マトモで、しかも石突きにゴムをはめれば介護用としても使えるタイプを選んで献呈した。

そのとき、ぼくは言葉を添えて手渡す。「ステッキって、よくタクシーや電車の中に忘れるものなんですよ。でもね、忘れるくらいになったら、腰の方もよくなっているはずなので、そのステッキの役割は終ったと思えばいいんじゃないですか」と——。

もちろん本音ではない。しかし、ぼく自身がステッキを失くしたときの気持ちをイヤというほど知っているので、あらかじめ相手のショックをやわらげよう、という魂胆なのである。

ぼくがいままで報告を受けているかぎりでは、紛失はゼロ(これは、こちらが聞かないかぎり先方からの自主申告はないと心得ている)。破損等は、先に記したように、すべて転倒事故。ハンドル部分に割れ目が入ってしまったり、軸にヒビが入ったり、ハンドルと軸の接続部分に不具合が生じたとか……。

◆伊達男ステッキを手に町を行く――その4◆

①動物標本屋の前のウィンドウで自分を鏡に写している自惚男。岡本一平画。『岡本一平全集』(昭和7年・先進社刊、第5巻)より。

②これはまたすごい服装。「気障な奴！」と題された杉田三太郎画。女性たちの軽蔑のまなざしがうまい。なぜかステッキがかわいそうに思えてくる。②③とも『人生漫画帖』(昭和7年・大日本雄弁会講談社刊)

③田中比左良によるモボ二態。帽子といいジャケットといい、タブタブのズボンといい、実にオシャレ。これは昭和初期という時代が生んだセンスでしょう。に、しても左の彼の点々模様のステッキは何だ？　ステッキのデザインも豊富だったのだろう。このころに生まれていたかった。といってもその後に戦争の時代が来るのですが。

ステッキにも人生にも、アクシデントやトラブルはつきものだから仕方がない。ステッキを持ったことで初めて知る心の痛み、というものもある。

ぼくは自分の手元から旅立たせたステッキを忘れてはいない。そののちの、それぞれのステッキの境遇は、具体的には知り得ないものもあるが、ずっと愛していることに変わりはない。

というわけで、これからは手元のステッキを人に献呈するのは、しばらく控えようと考えている。それに以前と違って最近は、日本でも実用的でオシャレなステッキを扱う店は、ぐんと増えたようである。ネット通販などもかなりさかんである。本当に欲しいなら、お金さえ出せばいろいろ入手できる。「タカゲン」に行きなさい。「チャップリン」を訪ねなさい。京都なら「つえ屋」が何軒もある。

ぼくも、これからは、よりいっそうあまり実用的ではない、おかしなおかしなステッキと静かに交流を深めてゆきたいと思う。

「玩物喪志」にどっぷりつかって、「物」から人間世界をのぞき見てやろうと思っているのだ。

手元のステッキ一本一本に思い出がある

人にとってはどうでもいいことかもしれないが、一本のステッキには一つの物語がある。三十代の半ばごろからステッキをコレクションしてきたが、気がつけば、ステッキにまつわる物語もコレクションしてきたことになる。

それらステッキとそれにまつわる物語を備忘録がわりに記しておこうか、という気になった。お気に入りのステッキについて語るのだから、どうしてもオノロケ、自慢話っぽくならざるをえないかもしれませんが、大目に見てやって下さい。項目は以下の如し。

○ぼくの「仕込みステッキ・ベスト10」

○ぼくの「いただきものステッキ・ベスト5」

○ぼくの「掘り出しものステッキ・ベスト３プラス１」

ぼくの「仕込みステッキ・ベスト10」

①スキットル仕込みのステッキ

一見してイギリス製。握りの部分に特別な飾りはなく金属部分はシルバー。柱は黒くエボナイト？　握りから十五センチほど下にシルバーの輪があるので、もしや？　と思って、店員に「仕込み？」とジェスチャーでたずねる。ステッキを持つふりして、手首をクルッとひねればいいのだ。英会話は（もちろん他の外国語も）三歳児よりも喋(しゃべ)れないが、外国での買い物ぐらい手話と体話でなんとかなる。

握り部分がネジになっていて、それを取ると中から細いフラスコ状のグラスが、二つ。そして、もうひとつの仕切りの中からは、キャップ（これもシルバー）の付いた細いフラスコが。つまり、スコッチとかブランデーを入れるスキットルに二人分の（というところが、なんとも洒落ている）グラスが仕込まれていた。

これを見つけたのが……一時、記憶が混乱していたが、すでに記したがロンドンでもなければオックスフォードでもない。実は、フィレンツェ。もちろんイタリアの。そうだった。昔からの仕事仲間A君とのある約束で、A君がイタリアへの激安パックツアーを招待してくれた。そのとき、フィレンツェのとある横丁を観光していたら紳士物のブティックがあり、ステッキも何本か売っていて、その中の一本が、このスキットル仕込みステッキだったのだ。値段は、たしか四万円弱。日本で買ったら四、五倍はするとわかっていたのでふんぱつ。しばらく後に、このステッキとは、ロンドンのステッキ専門店で出会っている。どうやら人気定番のスキットル仕込みらしい。

ところで、招待にあずかった激安ツアー代(どこで見つけてきたんだこんな安ツアーを)はもちろんA君持ちだったが、フィレンツェやローマのディナー代はこちらが払うはめに。

フィレンツェでは、ワイナリー、アンティノリ家が、古い教会を改築してリストランテにした「カンティネッタアンティノーリ」へ。ローマでは、やたらゴージャスにしてスノッブな店「オスタリア・デ・ロッソ」へ。シャクだったので今でも二つの店の名前を覚えている。ローマの、この店ではわれわれが席についたら、ピアニストが「さくら、さくら」を弾きはじめた。いいって、ローマまで来て「桜」なんか聞かせてもらわなくても。オペラの一節かゴッドファーザーのテーマでも弾いてよ、と、この店の支払いとともに苦々しく思った思い出がある。このスキットル仕込みを手にすると、そんな記憶が甦る。

②華麗なるサーベル仕込みのステッキ

ぼくの印象ではステッキの値段はイギリスよりイタリアの方が安く、イタリアよりスペインの方がさらに安い。中国やタイ、マレーシアとなるとステッキそのものの材質、形状等が異なるので単純に比較はできないが、さらにグンと安くなる。

日本で趣味性の高い、それなりのステッキを買おうとすると、現地で買うより、かなり割高を覚悟しなければならない。これは、まあ仕方がない。仕入れの手間や運送費がかかる。それとなにより、今日、そんなステッキを買う客はめったにいないので一本一本に利幅をつけておかなければ、店の方だってやってられないだろう。

日本の紳士諸兄がもっとステッキを持つ習慣を復活すれば、輸入ステッキも必ずもっと安く手に入るようになる。つまり、戦後から今日、日本はステッキ未開発国になってしまったままなのである。

と、またまた横道にそれてしまったが、話は、華麗なる、サーベル仕込みのステッキ。このステッキはスペインのコルドバで出会った。この本の中でも再三登場してもらっているが、さらに少しくわしく。

夕暮れが迫る時間帯、夕食前のあき時間にその店をめざした。ホテルに到着するタクシーの中からチラッとその店をチェックしていたのだ。スーベニールショップでもあるような、アンティーク店でもあるような、店のたたずまい。

ホテルから歩いて十五分ほど、ゆるい坂道を下った分れ道にその店はあった。店にはスペインの民芸品とアンティークが並べられていた。観光客相手の店だろうが、落ち着いた雰囲気の店。その店の柱の脇にステッキが十数本ほど立てかけられている。

その中の一本が、華麗なるサーベル仕込みだったのである。そのステッキのデザインや洋銀に繊細な飾り模様の彫りは、これは多分、祭司かなにかが手にするステッキのレプリカだったのではないだろうか。

その店でも、ジェスチャーで仕込みかどうか確認。握り部分をまわし、引き抜くと、細い剣が。もちろん実用にはならない。しかし、あの9・11以後なら、こういう仕込みステッキでも絶対に機内に持ち込めなかったでしょうね。

何度もいいますが、ステッキ道楽といったものが許されるのは平和の証しなのである。われらが道楽者は太平の逸民のシンボルなのである。世の中が騒然ときしみ出せば、まずその存在が許されなくなる。

華麗なる仕込みステッキ一本がそう告げている。

③望遠鏡仕込みステッキ3本

望遠鏡・スコープがヘッドについていたり、シャフトの中に仕込まれているステッキは昔からあったようだ。

ぼくの記憶では、望遠鏡ステッキは六本買っていて、いま手元にあるのは三本。そのうちの一本はスコットランドで。他の二本は、ロンドンの港町の古道具屋街で手に入れた。

ブロンズ製の望遠鏡がヘッドに装置されている。もちろん覗いてみてレンズの調子を確かめる。シャフトと望遠鏡の接続部分がしっかりしているかどうかもチェックする。

三本、それぞれ望遠鏡の太さ、長さに差があるが、どちらもブロンズの、いい質感、輝き具合も気に入って入手。(安かったなあ)という記憶がある。

この三本の仕込みステッキ、使い勝手がよく、ちょっと気取っての街歩きや、相撲見物のときなどにたずさえてゆく。レストランなんかに入ったとき、こういうステッキを手にしていると、気のせいか店の人の対応がていねいになる気がする。相撲見物のときは、力士の表情などをチェックしたいときに使用したりしている。

もう一本はシャフトが三つに分解できる。そのうちの球形のメタルのヘッドに一番

◆ ぼくの仕込みステッキ・ベスト10のうちの8本 ◆

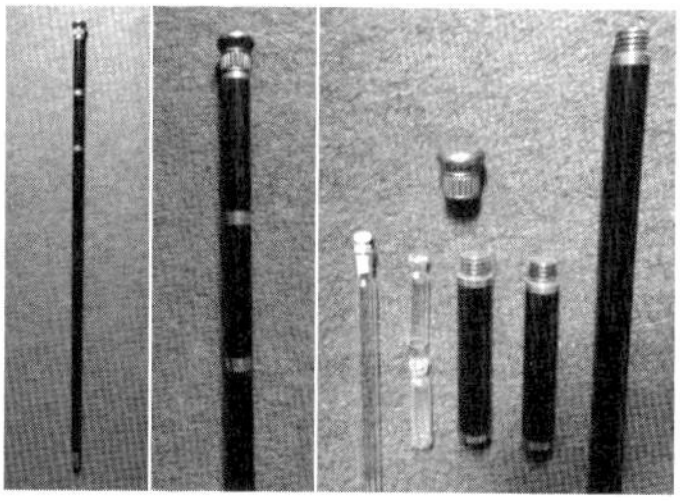

これがイギリス製スキットル仕込みステッキ。ヘッド他の金属部分は純銀。二人用のスキットルとグラスを内蔵。

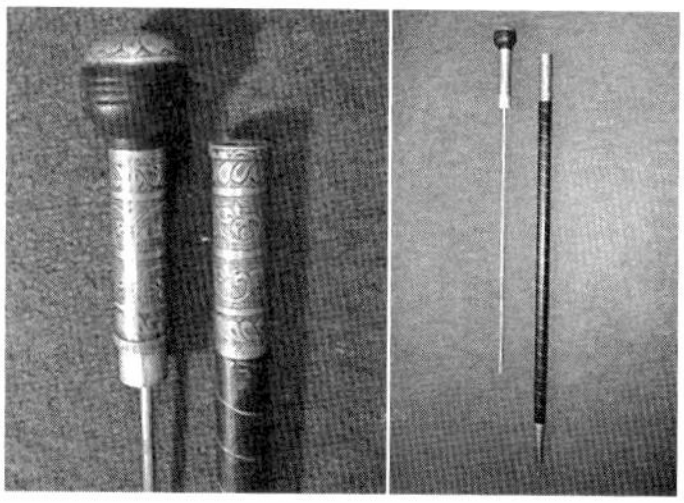

この本の中に何度かご登場のサーベル仕込みの優雅な細工のステッキ。工芸品としても相当のレベル。

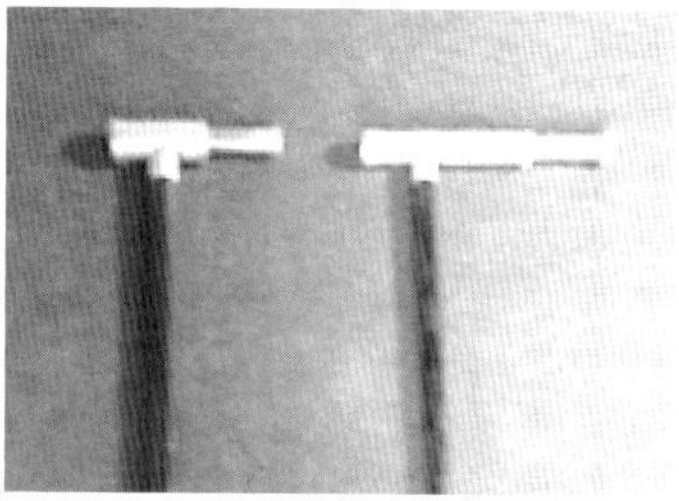

イギリスで購入の2本の望遠鏡ステッキ。レプリカ品だがブロンズの質感がいい。

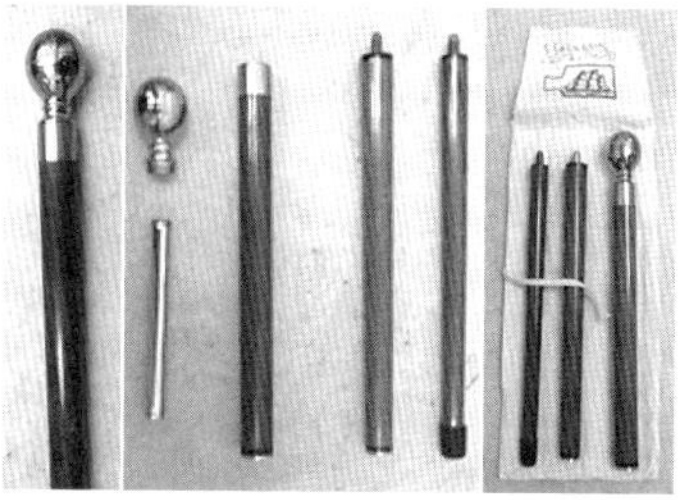

インターネットではじめて買った、これも望遠鏡仕込み。細いのがスコープ。キャンバス地の袋もありがたい。

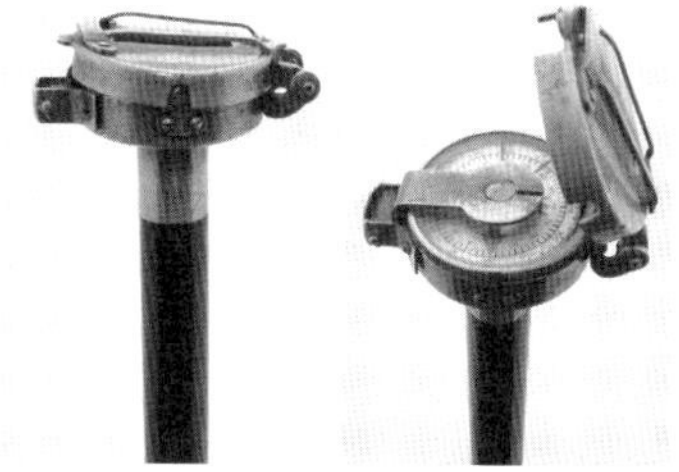

握りがコンパスになっているブロンズ製。これもイギリスで。こういう計器ってカッコイイですね。しかもステッキ。

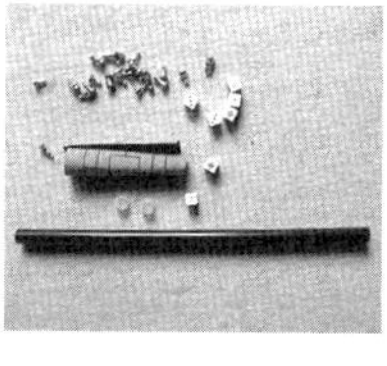

革のチェス板。32の駒そしてサイコロ7つ。よく軸の中に入れましたよね。くわしくはP.228

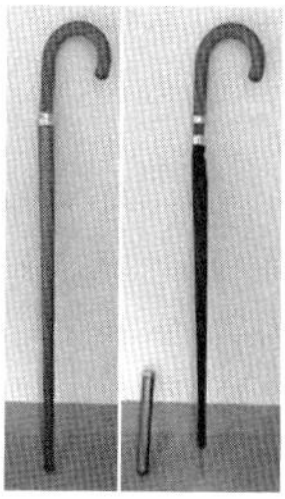

傘仕込みステッキ。右は筒を取った状態。

近い部分に細長いスコープが入っている。しかも、三本のシャフトを収納する大きめのキャンパス地の袋付。

これは、ネットで見つけて入手。輸入雑貨を扱う店のリストに出ていた。ネットでステッキを買ったのは、これが最初。このステッキはチャーミングな感じがするので、追加でもう一本購入。袋に相手の名前と贈り主のぼくの名を入れて献呈。

④スコープと顕微鏡内蔵ステッキ

別のもう一本も、同じ会社のカタログから。説明書が英文なので、あきらかに輸入品だろう。こちらはもっと武骨。鉄製でちょっと重い。シャフトの中に納められているスコープをヘッドに取り付ける、という仕様。しかも顕微鏡も内蔵されている。しかし、ステッキになぜ顕微鏡が必要なのだろうか。ま、小さい昆虫のコレクターなら、こんなステッキがあってもいいのかもしれないけど……部屋に戻ってからゆっくり観察すればいいじゃないですか、と思うのだが、興味本位で注文。

入手はしたものの、ぼくには必要のないアイテムとわかったので、これは学生時代、地質を学んだN君に謹呈。あの顕微鏡で何を観察してるのかしら。

⑤コンパス装着ステッキ

コンパスといっても製図のときに使う、あの二股のコンパスではない。方向を示すいわゆる羅針盤。針がクルクルとNEWS（北・東・西・南）を指し示す（はずなのだが、この羅針盤は用をはたさない）。

ぼくは町歩きの本などを何冊か書いているくせに、重度の方向音痴。東や西、北や南といった感覚がまるでない。いや、関心がない。こういう人間にとって、羅針盤のついているステッキはありがたい？

いや、ぼくは、コンパスなど見ながら歩くのなら、いっそ迷ったほうがいい、と考える散歩者なので、実用としては必要ない。しかし、ブロンズ製の計器というものは、なかなか美しいものではあります。目盛りや針のデザインとかが、妙に心ひかれる。

というわけで、この愛用のステッキもロンドンの古道具屋街で入手。

⑥ワインオープナー付きステッキ

これは珍しく日本のステッキ店で購入。たまには日本でも買わなくちゃな、と、なんとなく引け目を感じていたんです。それに、一本でも買わないと、いつもヒヤカシの客ではお店に対しても申し訳ない。

ワインオープナー付きのステッキも昔からあったようで、ぼくが入手したのは、シャフトは楓（メイプル）でハンドル部分（ここがオープナーの取っ手になる）はウォールナット／クルミ材。

「使い込むと、いい艶がでますよ」というお店の人の説明にも納得、二万円ちょっとだったけど入手。ま、実際には使わないですよね、よほどの場合以外は。必要なら、ちゃんとしたオープナーを持ってゆきますから。

と、いうわけで、このステッキは、いろいろお世話になっているワイン好きの編集者のK氏が、腰を痛めた、というので献呈。その後、K氏の報告によると、倒してしまったのか、もともとシャフトの楓の材がくるみのハンドルの強度と合わなかったのか、接続部分にひびが入ってしまったとのこと。

「で、そのステッキ、どうしました」と聞いたところ、破損部分をハリガネかなにかでグルグル巻いて使ったりしているとのこと。こういう、障害を修繕してのステッキというものも、微妙な雰囲気があるのではないでしょうか。ステッキも人も、フラジャイル（こわれもの）、どこかに傷もつ身でしょうから。

⑦チェスの駒と盤仕込みステッキ

これは記念品のステッキ。ぼくが散歩の本を二冊同時に出したときに、業界の先達でありヤジキタ海外旅行友達の作家A氏のお声がかりでパーティーを開いてくれた。陰でコソコソいろんなことをするのは好きなくせに表舞台に立つのは大のニガ手。このパーティーの話もかなり固辞したつもりだったのだが、「一度ぐらいやっとくものだよ！」とA氏に押し切られる形で、ありがたくも実現。そのときの記念として、会費の中からこのチェス仕込みステッキが贈られた。

このステッキ、たしか七万円ちょっとしたはず。なぜ、贈られたステッキの値段まで知っているかというと、A氏と一緒にステッキ店に行って予算内の金額で自分で選んだからだ。

自分で出したわけではないが、この七万円という金額は、ぼくが入手したステッキの最高値で、この記録はいまだに破られていない。つまり、ぼくは、そこそこゼイタクなステッキを一本も買ってない、ということになる。考えてみれば、ぼくのステッキ道楽も、ずいぶん安い道楽ではある。

それはともかく、このチェス仕込みステッキ、ぼくはチェスをマスターしていないし、近くにチェスのできる友人がいないので実用に使ったことがない。

でも、ときどきシャフトの中から、ブロンズ製の駒とダイスを取り出しては、仕込まれている革製の盤の上に並べてみたりしている。で、（あのパーティーありがたかったなぁ。会費が高くて来てくれた人に悪いことしちゃったなぁ）などと思い出したりするのである。

かくのごとく、仕込みのステッキは、望遠鏡やスキットルも仕込まれるが、いろいろな思いや、思い出も仕込まれることになる。

愛しいものです。

と、「ぼくの仕込みステッキ・ベスト9」を挙げたのだが、ここでハタと気がついた。いつも愛用している仕込みステッキを挙げ忘れていたのだ。あまりに身近で、つい失念した。この、コウモリ傘仕込みステッキは、いつもお世話になっているのに。

そう、ぼくにしては、ちょっと張り込んで入手した、コウモリ傘が仕込まれているステッキ。これは銀座の老舗「Z」のショーウィンドウで目にとまった。

コウモリ傘仕込みは、これまでも何本か持った。ロンドンで見つけて、なにかといえば手にしていた瀟洒（しょうしゃ）な仕込みは、悲しくもある日紛失した。浅草の傘問屋で入手した仕込みは、ぼくにとっては、ちょっと印象が重く、体のドッシリと重く大きい知人に献呈してしまった。

銀座、老舗「Z」のウィンドウの中にあったステッキは、握りの部分が、これはケヤキだろうか、色は落ち着いた茶で、品のいい艶がある。中のコウモリは細身、鞘は四分の一に縮まり、小さなバッグでも収納できる。値段は二万円前後だったか。

店員の人と、そのステッキについてあれこれ話をしていると、もう、この先、作っている職人さんが高齢のためこのステッキと同じものはできないだろう、という。で、「いま、何本あるんですか」と聞くと、これと、あと一本、と言う。(うーむ……)そこで、一瞬ではあるが考え込んでしまった。(あと一本か――)そのとき友人Oさんの顔が浮かんだ。

神楽坂のワインバーで知り合ったのだが、フランスを中心にバターとチーズの輸入プロデュースをしていて、年に何度か高級ワインや人気店のケーキを贈り届けてくれる今様、魯山人(ろさんじん)のようなご仁。かなりの食通でストロングタイプの読書人。この人、前に腰を痛めて、傘をステッキがわりにしていた記憶がある。

(そうだ、これまでのお礼に、このステッキ傘を)と思いついて二本購入、一本をO氏に献上、という次第(使ってくれているかしら、Oさんも飲み助だから、もうどこかに置き忘れたりして失くしちゃったかしら)。

ところで、今回、このステッキ本をまとめるにあたって、その老舗「Z」に電話を入れてみた。ぼくが、そこでコウモリステッキを買ったのは数年前、今でも、このステッキを売っているかどうか、確かめたくなったのである。

結果は――やはり、あのときの店員さんの言うとおりであった。もう作り手がなく、しばらく前からあの傘ステッキは売ってない、とのこと。なるほど、そうか……、そうなると、手元の老舗傘ステッキは、なおさら失くすわけにはいかないな、と心を引き締めた次第。

ぼくの「いただきものステッキ・ベスト5」

本当に嬉しいものですよ、人からステッキをいただくというのは。それが海外旅行のお土産(みやげ)だったりすると、遠路はるばる、と申し訳ない気持ちもあって、いっそうありがたく感じる。

自分が経験しているから、よくわかるのだが「ステッキをお土産に」などということは、かなり実行というか、いや実現がむずかしい話なんですよ。

だって、まず、旅行中に（これは、いいかも！）というステッキ店に出合うという保障はどこにもない。普通の旅行では、ステッキを売っている場所に遭遇すらしないだろう。

仮に、なにかのめぐり合わせでステッキが売られている場に立ったとしても、その中からどれか一本を選んで、ぼくにあげよう、という気持ちになるかどうか。これには相当の決断を要することは容易に想像がつく。

もちろん値段も問題もあるだろうが、はたして、もらったぼくが嬉しがるかどうか、で逡巡してしまうのではないだろうか。ステッキ好きのぼくからすれば、海外での旅行中で出合い、選んで、持って帰ってくれたステッキならば、どんなステッキでも大喜び、大感謝なのだが、贈って下さる方としては、どうかしら、そう信じてもらえるのかしら。

そうそう、ステッキは、この「持って帰る」というのも、ひと苦労なのだ。旅行中、面倒にきまってますよ、あんな長いものを持って移動しなければならないとしたら……。このステッキ好きのぼくだって、（邪魔くさいなあ、買ったのはいいけど、このステッキ。他の荷物もあるのに）と思うことがしばしばなのだから。

これら、いくつものハードルをなんとかクリアして、ぼくにプレゼントされる、というわけですから、じつに、じつに、ありがたいことなのです。いや、海外からのお土産ステッキだけではない。とある機会に、人からのプレゼントとしていただいたステッキ、このときの嬉しさも忘れられない。

と、いうわけで、日本でのものも含めて、これまでいただいた5本のステッキについて、サラッと紹介しておきたい。

①ベトナム土産の分節可能不思議絵柄ステッキ

これはかつての仕事仲間だった女性二人WさんとKさんがベトナム旅行から帰ったときにお土産としていただいたステッキ。人からステッキをプレゼントされたのは、これが最初でした。じつは、同時二本の拝領。きっと現地で激しく迷われたのでは、と拝察する。状況はこうだ。

ベトナム、ホーチミン市の街中を観光中、ステッキが置いてある店に遭遇する。「あれまぁーっ！」という反応だったろう。ぼくがステッキフェチであることを知っている彼女たちは、そのステッキたちを見つけた瞬間、ぼくのことを思い出してくれる。

白い骨材に、なにやら中国の坊さんのような人物たちが遊んでいるような脳天気な絵柄が彫り込まれ着色されている。思わず笑いを誘われるようなステッキなのだ。

そのうちの一本は握りが、黒い象が四匹並ぶ。もう一本は、『西遊記』の猪八戒が手にするようなU字型の柄。なるほど、この形だと握り部分に幅があるので両手で重心がかけられる。

もちろん、持ってないし、見たこともない形だ。しかも、この二本のステッキ、いずれも中ほどの節目はネジ式に半分に分けられ収納に便利、という逸品。

そうそう、それにしてもなぜ二本も買って帰ったのか、という問題。これは、二人は店頭でステッキを目の前にして迷い、ちょっとしたやりとりがあったのでは。こっちがいい、とか、こっちも面白いんじゃない、とか。で、結局、迷って結論がつかず、「だったら二本買っちゃいましょうよ、いい具合いに半分の長さになるステッキだし、ケースに入るじゃない」という流れになったのでは。

これが、ネジで半分に分かれるステッキでなければ、買ってきてくれたとしても、絶対に、どちらかの一本だけだったと思う。中国の伝統的な文化の影響を受けたベトナムならではの接続の細工のあるステッキだったために、遠来のオメデタイ雰囲気のステッキが、我が物となった。

と、いっても、この二本のステッキ、どちらもまだ手にして街を歩いたことはない。あまりに「不老長寿」的なオメデタさがあり、まだ、ぼくにはふさわしくない感じがして……。もう十年もして、ちょっと腰が曲がり始めたころになれば、この、チャーミングなベトナムステッキも似合うようになるだろう。

それまで、しばし、出番の来る日を待っていてちょうだい。

②名前入り細身寒竹のステッキ、と、鹿足？ 真剣仕込みステッキ

この二本は、神楽坂のバーで出会ってから妙に気が合い、飲み友達となった若き友人からプレゼントされた。出会ったときは某建設会社の社員だったT君は、しばらくしてからその会社をやめて、同じ神楽坂の町内、かつて泉鏡花が、のちに妻となる神楽坂の芸者・桃太郎と隠れ世帯をもった近くに、これまた神楽坂にふさわしい小粋なバーを開いた。

サラリーマンから一転、バーの経営者となったので、それは一城の主、それからはT君ではなくTさんと呼ばせてもらうことにした。

それはともかく、そのTさんが、ある日「坪内逍遥（しょうよう）に縁のあった家が取りこわされることになって、こんな杖が出てきた、というので譲（ゆず）り受けてきたのですが」と渡されたのが、細身の寒竹のステッキ。

そう、あのチャップリンが手にしていたような寒竹である。年代物なのだろう、あ

たたかい橙色をおびた艶がある。握りの下の部分に「長瀬」の名が彫られ、ほんのりと彫り込みに塗られた朱が残っている。

この寒竹のステッキ、細さ、そして短かめの長さからいって、多分の女性の持ちものだったのでは。もちろん、戦前のものにきまっているが、はたして、どんなご婦人がこのステッキを手にしていたのだろう。また「長瀬」という名と坪内逍遥とは、どんな関係があったのだろうか。空想は、明治、大正の時代へとさかのぼる。そんな一本を頂戴した。

さて、Tさんからプレゼントされたもう一本、これが問題のステッキ。Tさん、なにかの記念旅行かイタリアへと旅立った。帰国してすぐ手渡されたのが、なんですかこれは！　というシロモノ。取っ手は、毛の生えた鹿(?)の足の先端、爪もしっかり、付いている、かなりワイルドな物件。しかも、取っ手の先にあるのは鋭い四角錐になった三十センチほどの剣。

ぼくも剣が仕込まれたステッキは何本か持っているが、すべて、剣そのものは装飾品で先は丸く矯めてある。ところが、Tさんのイタリア土産の剣は、どう見たってマジである。しかし、この仕込みを収める鞘が付いていない。どうしたのだろう？

Tさんの話によると、この仕込みステッキ、買ったのはいいが帰りの通関でチェックされた。当然ですよ、こんな本気で物騒なもの。

でTさん、係官に預けるので機内に持ち込みたいと申し出ると、なんと、その係官、目の前でポキンと鞘を折ってしまった！　だから、仕込みではなく、モロ、抜き身を新聞紙かなにかでくるんで機内あずかりとして持ち帰ってくれたのだという。

その気持ち、大いに嬉しく、そのテンマツを聞いて、ほとんど感動したのだが、この抜き身ステッキ、その握りの生ま生ましいワイルドさといい、剣の鋭さといい、あまりに剣呑（けんのん）すぎる。

しばらくは事務所の引き出しの奥にしまっておいたのだが、事務所を引っ越すときに、それを取り出したら、スタッフの女性が目を見開いて、ぼくの顔をうかがった。その、ワイルドな抜き身ステッキとぼくの人間性を同一視したのだろうか。

そんなこともあって、置き場にも支障をきたし、わざわざ海外から持ち帰ってくれた贈り主には本当に申し訳なかったのですが、泣く泣く処分することにしてしまった。

いま思えば、せめて、あの勇姿だけでも写真に収めておくべきだった。（とはいうものの、数年前までは携帯電話はおろか、デジカメも使えない人間だったのである。残念！）

③木彫家で人形作家・友永詔三(ともながあきみつ)氏による椿の馬顔ステッキ

この椿の枝をそのまま生かしたような、野趣、雅味、ともにあふれるステッキは、同じ出版界の知人から（といっても先方は大きな出版社の取締役でしたが）拝受した。Mさんは歌人でもあり、また、いろいろなものを人にくれる習性がある。吉田兼好言うところの「物くるる」ありがたい友である。

あるとき、このMさんが腰を痛めたという。それでは、というので手元のステッキの中から、街で持って歩いても恥かしくないと思われるかなりマトモなデザインのものを選んで献呈した。

そのお返しが、熱烈ファンをもつ木彫家にして人形作家の友永詔三氏の手になるこの椿枝馬顔風(カメリアホースフェイス)ステッキなのであった。まるで椿の林から一枝が幹か根から離れ、トコトコと歩いてきたような風情のステッキである。握り部分は分かれた枝の一部で、これがなんと耳のついた馬の顔に似ていて、節目の年輪がちょうど眼のようになっている。

全体が、椿の特性だろうか、しなやかで、ニブク赤黒い色艶がある。握り部分が自然木の形を生かした杖は中国でよく見かけ、ぼくも何本か入手している。それらは、ほとんどが、鳩かカラス（?）とにかく鳥の形をしたものが多い。自然の枝をそのまま生かして馬の顔というのは初めてだ。見たことがない。
文人でもあるMさんは、このステッキに、こんな文章を添えてくれた。ここに、全文を紹介させていただきます。

［作成由来］

今日お届けする椿の杖仮称黒鹿毛午ステッキは我が依頼ありしよりただちに友永師が自宅山の椿の一木をこれと見定めて構想出だしし逸品也。

若木の融通無碍の性向にて天然自在に屈曲変化生育するを副木当てて直伸させ待つこと一年有余、用途に十分の太さと丈とを得て春如月に伐採す。

ひと月ゆるりと乾燥させてのち樹皮を剥き炎に入れて悍馬の綱縞を成さしむ。幾たびかオリーブ油を沁み込ませて磨きをかけ造り進む。かくして仕事にまさる心魂傾けて遣ふる人に供ぜしものならん。

椿の木は椿の油で磨くのが、豆と納豆、豆腐の縁で（よく分からん）自然なのであるらしいが遠くギリシャ、ローマの古典古式を想い古心を尊び彼の地のオリーブ油用いしところがいかにもしゃれて粋でステッキ（素敵）でみなともながに心地よし。

把手の枝振りは最終の思案でCUTして整えるのも可であったがやめ、奥さまは知人の意見受け入れしときく。
さて仕上がりを見ればそれがかえって持ち主の干支に通ずる馬の耳、風体と見へて妙極まる。颪に艶めくたてがみ、雪崩れる尾も浮かぶ。いよいよ坂崎翁の一振りに相ふさわし。
画竜点睛に目を入れ銘を刻んで完成。
一度焼くことにより強度を増したる木は時がたつに従い更に硬く強く勃てり、との事。以て男子の夢を具現せしか。長さ心魂傾けて遣ふる人に供ぜしものならん。
底部を切ることによって調整可能なり。
春の山にひとこそ恋はん椿の木
立ちそよぐなり枝になるまで
畏み畏み申す
（Mさんの名前）㊞
まあ、Mさんもお好きの方ですねえ。それにしても、どうです、この擬古文体による、椿杖へのオマージュ、見事なものですね。友永氏の椿のステッキも、もちろんとても素敵でしたが、ぼくには、この添え文の遊び心にグッときました。

このMさんの文章を読んで、あらためて、その椿杖を見やると、全体は、やや細身で、柄の馬の顔や目は、なにやら優しく、これはきっと雌馬ではないかな、と思うことにした。で、名付けて「椿姫」。この艶めかしくもしなやかな椿（カメリア嬢）が、遠からず老いの身に寄り添ってくれる日が訪れることでしょう。

名品をありがとうございました友永先生。言語世界のホモ・ルーデンス、Mさん、感謝しております。

④ここまで仕込むかチェス駒とチェス盤

このステッキはすでにふれているので、サラリと。ぼくの出版パーティのときに記念にと、十年ほど前に贈られたもの。当時のぼくは、なぜかチェスを習いはじめようと思っていた。

チェスの名人といわれた、マルセル・デュシャンを見習おうと思ったのか、あるいは『鏡の国のアリス』の影響を受けたのか。とにかく、チェスを仕込んでいるステッキがあると知って、機会があったら、GETしてくれん、と目論んでいたのだ。

そんなときに、「欲しいステッキがあったら、それを贈るよ」と言われて、一も二もなくチェス仕込みステッキを所望したのだった。

◆ うれしいいただきものステッキ・ベスト5 ◆

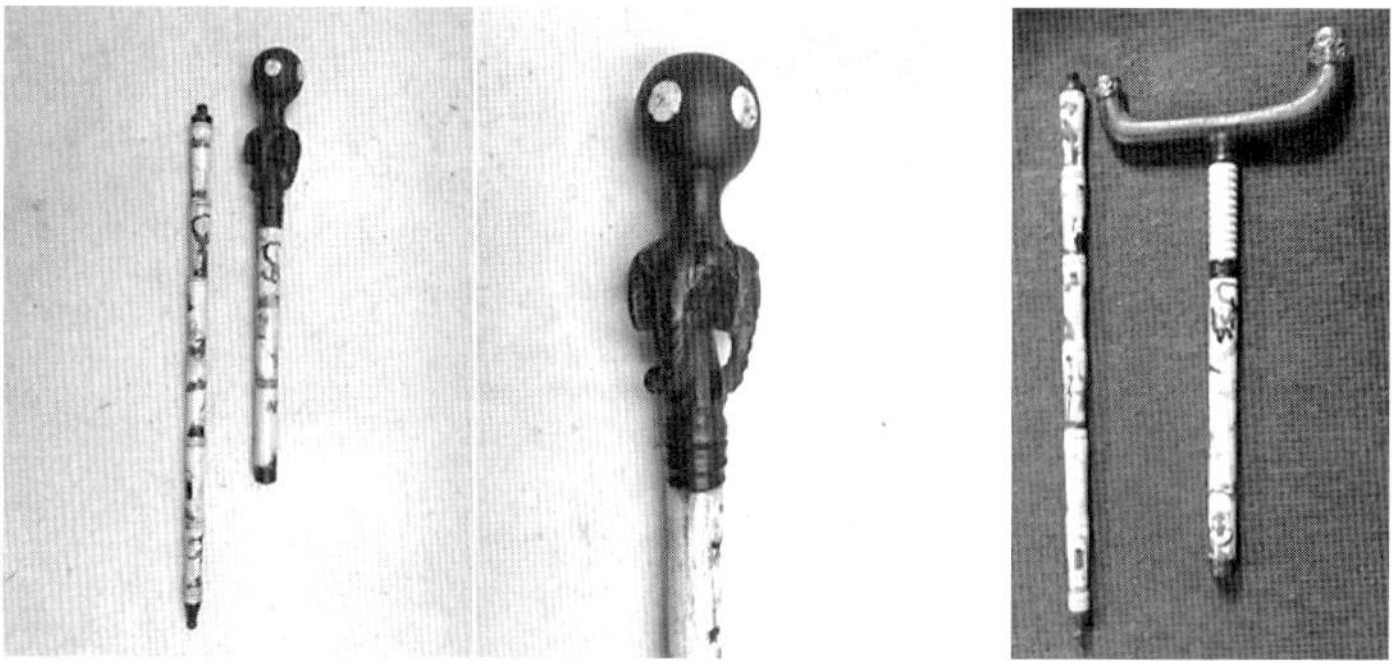

前の仕事仲間の女性二人がベトナム旅行をしたときにお土産として買ってきてくれた骨材の分節ステッキ。ハンドルのデザイン、軸の彫りの絵、なんともユニークなしろもの。

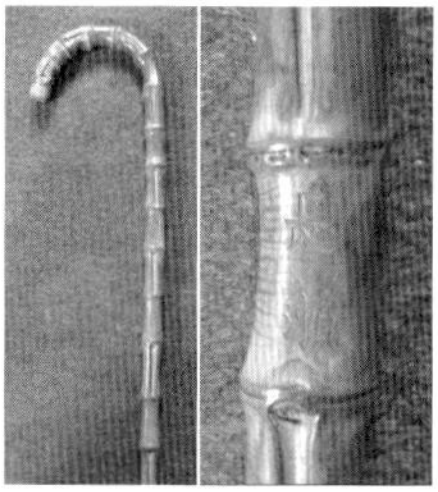

名入り寒竹のステッキ

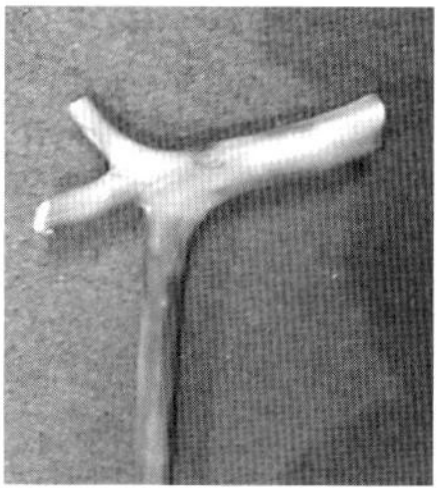

椿材による馬頭ステッキ

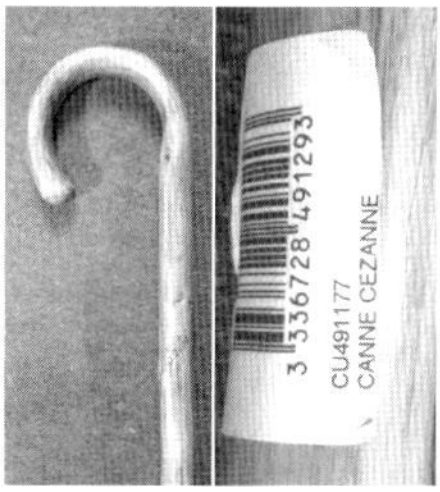

セザンヌステッキ

出版記念会でプレゼントされた「チェス一式」が仕込まれているステッキ。細い軸の中によくぞ詰め込みました！　これは日本で入手。たしか7万円ちょっとしたはず。

さすがに妙なものでしたねえ。もらってみると、このチェス仕込み。ヘッドの丸い金属（銅製）を捻るとそのキャップがとれて中が空の筒になっている。その中に、革製のチェス盤が巻かれて入っていて、これまた銅製のチェスの駒が、十六掛ける二の三十二個入っている。それにサイコロ七個。よくぞまあ、上手く詰め込んだものです。

こんなステッキ、もちろん大量生産などできるはずもなく、（作っても買う客はめったにいないでしょうし）、多分、ほとんど手造りだろう。そのためか、値段は七万円ちょっとした。

なのに……これで、まだチェスを一度もやったことがないのです。まさに宝の持ち腐れ、だれかチェスを教えてくれる人はいないでしょうか。もっとも、ぼくは将棋も囲碁も、ダイヤモンドゲームもオセロゲームも、軍人将棋もヘタだったからなあ。無理かなあ。

それはともかく、筒の中に入れっぱなしだと錆がでては、ときどき取り出しては駒を一個一個磨いたりしているのですが、これがしまうときが大変で、なかなかうまく全部入りきらないのです。サイコロが七個、駒が三十二個もあるんだもの。

◆アーティストから贈られた新ステッキ設計図◆

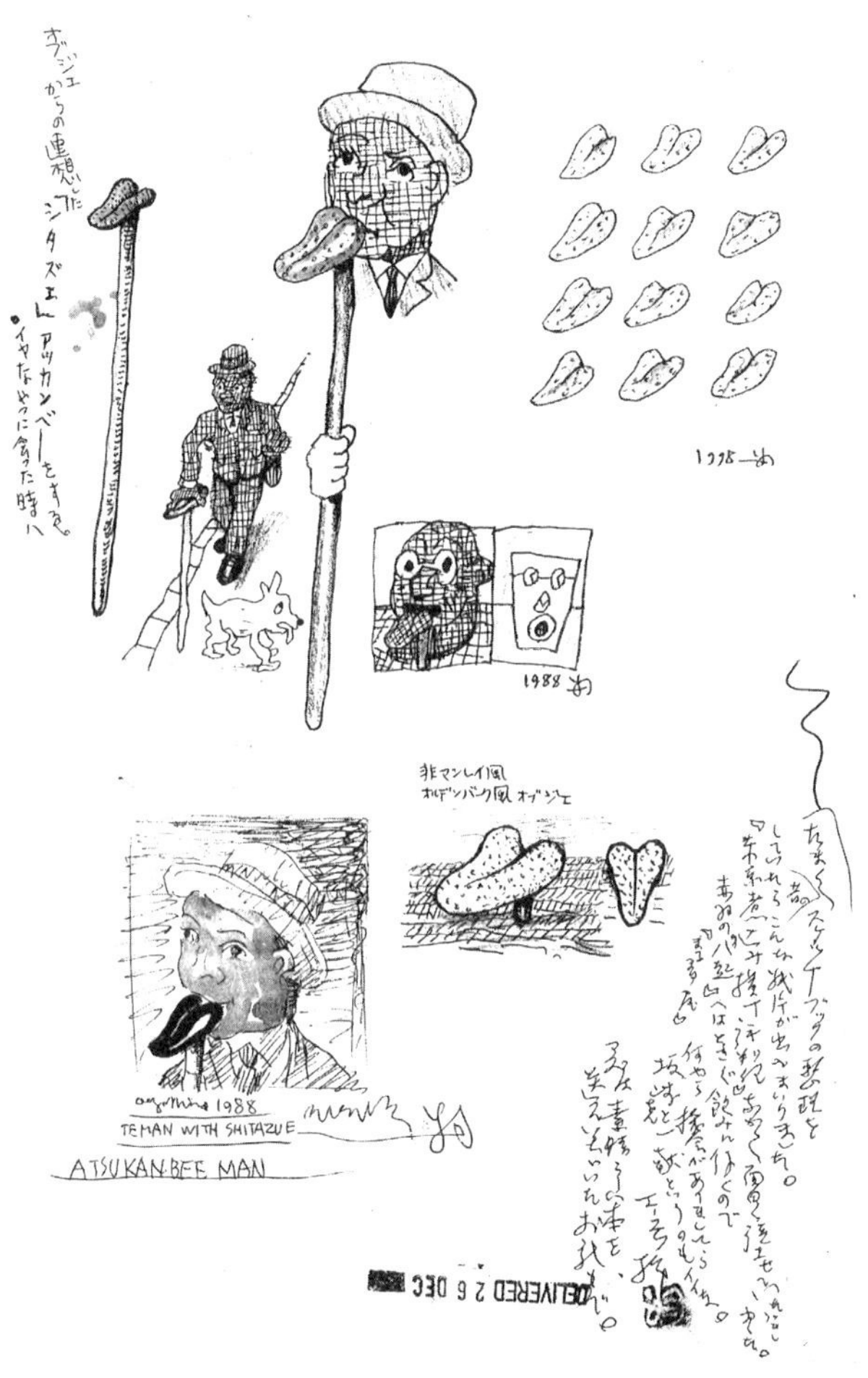

これはステッキそのものではなく、ステッキのオブジェの設計図（?）を山崎英介氏よりいただいた。「舌杖」（アッカンベーステッキ）というシロモノ、傑作ですね。

⑤セザンヌの杖を持って草原を行こう

これは、もっとも最近いただいたステッキ。ことば好き、音楽好き、トークショー好き(?)の作家Iさんが、「セザンヌの杖ですって」とフランス土産として買ってきてくれた。

なるほど、ステッキの石突き近くに「CANNE CEZANNE」と印刷されたレッテルが貼ってある。セザンヌの手にしていたステッキが残っていて、そのレプリカをセザンヌ美術館で売っていたのかしら。なるほどなぁ、石突きは、ピッケルの先のようにとんがって、いわゆる街歩き用ではない。しっかり草地に突きさせるようにできている。セザンヌは、画架を背負い、このステッキを手にサント－ヴィクトワール山の麓まで通いつめたのだろうか。

セザンヌにはお世話になっている。

といっても、セザンヌの作品から絵画の技術・構想を得た、というものではない。もっと表層的で、しかも、この、ステッキ雑文にかかわること。

この本でもちょっとふれているが、道化とステッキはつきものである。で、その道化がイタリア語で「アルレッキーノ」というらしい。フランス語では「アルルカン」、英語では、なんと「ハーレクイン」。

この道化、一般の日本人にとってはピエロと区別がつかないのではないだろうか。ぼくにしても、道化はステッキ(棒杖)を手にすることが多いが、ピエロは手ぶらのことが多い、ぐらいのことしか知らなかった。イタリア文化にうといぼくは、「アルレッキーノ」という言葉すら高橋康也さんや山口昌男さんの本で知ったくらいだ。アルルカンとピエロの違いが実感としてわからない。

ところがセザンヌに、この二つのキャラクターが一緒に描かれている作品があったのだ。『マルディ・グラ(謝肉祭(カーニバル)の最終日)』がそれ(インターネットで画像が検索できます)。これを見れば一目瞭然。ピエロはフリルのついたダブダブの衣装を身にまとい、頭にはピエロ帽。一方、アルルカン(アルレッキーノ)の方は菱形のパターンの上下を着て、ちゃんと右脇にステッキをかかえている(そういえば日本でいう「ドタバタ劇」を「スラップスティック」といい、この言葉の中に〝スティック(キ)〟がちゃんと入っている)。

ということで、セザンヌの杖から、アルルカンとピエロの話に横っ飛びしてしまったが、ぜひ、この杖を手に草原を歩きたい。吾亦紅(われもこう)の実が秋空の下に実る山麓もいいし、夏の朝早くの川辺もいい。雪深い露天風呂だっていいぞう。

Iさん、友だち誘って三、四人で、どこか山奥の温泉へ行きませんか。

ぼくの「掘り出しものステッキ・ベスト3プラス1」

掘り出しもの、と言ったって、そう簡単に掘り出しものなんて、あるわけがないでしょう。まして世に絶対数が少ないステッキ、とあっては――。だから、ここでは、それと出合って、とくに心躍ったステッキのことを記しおこう。

①繊細な飾りが彫り込まれた洋銀製のサーベル仕込み

この典雅にして危険なムードをただよわせるステッキと出合ったときの心のときめきは、あのコルドバのかつてのイスラム寺院・メスキータやその門前のオカリナ売りなどとともに、いまでも、思い出すが、この本の中で、すでに何度かふれているので略。

②象牙の象眼(ぞうがん)入りアンティーク・ステッキ

めったにないことなのだが、日本でアンティーク・ステッキを入手した。アンティーク・ステッキというものを日本で買わない理由は――単純である。仮に気に入ったものがあったとしても、あまりに高価で、とてもじゃないが手が出ないからである。まあ最初から無縁、と思っているふしもある。

ところが、この、エレガンスにしてスィートな雰囲気のアンティーク・ステッキを日本で求めることができた。仕事場の近くに、紳士ものメーカーのショップ「A」があった。本格的なイギリス風デザインのていねいな製品を売る店だが、衣服の他にも輸入物の、多分、ロンドンあたりのアンティークのシガレットケース、カフス、ワインオープナーなどの小物も扱っていて、ステッキも何本か置いてあった。

その中の一本が、このステッキだった。最初に見たときから気にはなったが、値段も一番高く、たしか四万円前後だったか。

ところが、ある日、この店に寄ってみると、あと数日で閉店とのことで、閉店セール中だったのである。

服はもちろん、小物などもすべてがバーゲンセール。では、ということでステッキの置いてあるところへ行ってチェックすると、かねてから気になっていた、このステッキが、まだあった。まぁ、こんなオシャレな店でも、一見、古ぼけたステッキを買おうとする客はいなかったのですね。

値段が記憶にある半額の二万円になっている。（ふーん）と、なんとなく納得した気持ちで改めて手にして、細部を点検する。握りは、これは、ドルフィン（イルカ）の頭部だろう。材は艶がある赤黒く、マホガニーかな、いや、黒檀に近い材かもしれない。顔の白眼の部分は象牙。細工がこまかい。シャフトも黒檀（?）で、しかも全体にねじられたような、エレガンスな彫りがほどこしてある。

石突きは象牙。優雅だ。いや、それ以上に、握りの下、幅、一〇センチほどの部分に、小さな丸い鋲のように、びたーっと象牙の粒が埋め込まれている。まるでアール・デコだ（しかし、そのうちの何個かは粒が落ちて小さな穴だけになってしまっている）。

それにしても、よき時代、ベル・エポックの雰囲気をただよわせる風姿である。握りの下には銀製のリングが巻かれ、そこにはイギリスのアンティークを示す、あのホールマークが刻印されている（アンティークの専門店へ行けば、このマークを読み取るためのハンドブックがあるはずで、製作年代が特定できる）。

そのステッキを手にして、ことさらわざとらしく象牙の粒の抜け落ちた小さな穴など見つめながら、ぼくはつぶやいた。「一万円なら欲しいんだけど」――。顔なじみであった店員さんは、微笑みながら「いいですよ、それで。閉店ですから」と言ってくれた。

全体の雰囲気から、十中八九、このステッキは女性用だろう。しかし、太さ、持ち重りからすると男性がシャレで持ってもいいかもしれない。かのフランスの文豪・バルザックが手にしていたステッキも華やかな宝石入りだった（写真で見たことがある）。

じつは、ぼくは、この入手したステッキの穴を埋めるため、浅草橋の問屋街で、スワロフスキーの粒とピンセットを買ってはいるのだが、まだ、その作業は実行してない。俗事に追われている証拠である。

③ま、まさかのスネークウッド！

古書にしたって、浮世絵にしても掘り出しものなんて、めったにあるものじゃない。まして、日本でステッキの掘り出しもの、なんて——と思って至極当然なのであるが、これが……あったのですよ。まさに掘り出しものが。

こういう話は、どうしても自慢話っぽくなってしまいますが、そこは、ステッキという、罪のないものであることに免じて許して下さい。

忘れもしない——あれは夏の一日、上野・不忍池の畔（ほとり）で恒例の骨董市が開かれていた。骨董といっても、いわゆる名品が置いてあるのではなく、西洋の食器、雑貨のアンティーク屋さん、あるいは中国物産物店、日本の古着や陶磁器の店もある。

蓮の葉の茂る不忍池の納涼イベント。そういう出店をヒヤカシながら散歩するという趣向。このときの、ぼくの目的は、この時期に開かれる蓮見茶屋で、文字どおり蓮を目近かに見ながら生ビールを飲もう、というものであった。気持ちいいですよね、蓮の葉を夏の風がゆらし、ピンクの花の蕾（つぼみ）や蓮の実が見えたりする光景。

というわけで、蓮見茶屋に向かう途中、例の市が開かれているのを見て、ちらっとひとまわりしてからビールにしよう、と思った。これまでも何度か、ここで開かれる市を覗いている。一度、古い置時計を買って人にあげたことを覚えているが、たいしたものを買ったことがない。

この日も、まるで買う気などなく、ただ、ぶらっと歩いてみるか、という気分で巡りはじめた。その店は、古いギターや額などを置いてある店だった。店の人は、髪をうしろに束ねたロックミュージシャンぽい。入口近くの脇にステッキが数本立っているのは、すぐに目に入った。

近眼なので街中で人と出会っても、先方から声をかけられて、やっと気づくことが多いのだが、本やブツに関しては目ざとい。これは小・中学生のころ、昆虫採集や植物採集に熱中した癖が身についたものではないか、と自分では解釈している。

それはともかく、その目に止まったステッキに対してはチラッと見ただけで、すぐに、店のあれこれに軽く視線を移す。(単なるヒヤカシの客である)というメッセージである。店の人も(この客は買わないな)と思ってか、すぐに奥で何か物を置きかえたりしている。

ちょっとした間のあと、ぼくはステッキのあるところに戻り、そのうちの一本を手にして〝ミュージシャン〟に声をかけた。スコッチテリア犬の顔が握りになっている珍しくもないステッキである。

ミュージシャンは、そのステッキの石突き近くに貼られた小さな紙を見て、「一万八千円です」と答えた。スペインで買えば、三千円以下だろう。もちろん、最初から、それを買うつもりなどまったくない。

他に三本ほどある。そのうちの二本も引き出し、手にする。彼が何か説明してくれるが、ふんふんとあいづちは打つものの、話の内容などまったく関心がない。もともと、その二本のステッキなどどうでもいいのだ。そして、関心のない心そのままの風情で、残る一本を手にする。いかにも、ついでに、という薄い動きで。

じつは、この店に入ってステッキが何本かあるのを認めた瞬間、この一本だけが気になっていた。どうでもいいステッキの中で、このステッキは、ちょっと、どうでもよくない気配を発していたのだ。

他のステッキを手にしたのは、フェイントである。本命は、その、ホコリでうす汚れた、ごくごく平凡な形の木製のステッキなのだ。曲った握りの先端にチョコッと金属でキャップのようなものがしてある。

手にして、内心、ドキッとした。実際、ドクンと心臓で音がしたかもしれない。普通の太さのステッキなのに、ズシリ！　というかビシリ！　というか、硬質な持ち重りがする。材の表面はコゲ茶の濃淡がモレモレとなっている。

その瞬間に思ったことは（これが本物ではなく、ニセモノ、いわゆる擬装品（ナンチャッテもの）でもいいや、これほど気合いの入ったニセモノならオモシロイじゃん）というものであった。

で、気のないそぶりで、「こちらは、いくら」と聞く。ミュージシャンさんは例のごとく、ステッキの下部に貼ってある紙を見て「八千円ですね」という答え。

八千円！　この値段でＯＫ！　即決である。本心は。しかし、そこは、当方、それまで各国、各地のバザールで値切りの交渉をしてきた経験を持つ、すれっからしである。店側の言い値のまま、というのは失礼ではないですか。

「五千円なら、今すぐ買って帰ります」と宣言すると、一、二秒かな、ちょっとした間（ま）があった気がするが「いいですよ」と返ってきた。交渉成立。

彼が、そのステッキを新聞紙で包んでくれようとするので、「いや、そのままでいいですから」と言って、受けとる。気持ちは、その店から一刻も早く遠ざかることである。理由は――自分でも、よくわからない。ま、サンマなどを口にくわえた猫が、遠くへ逃げ去る、あの心理・行動に似たものか。

急ぎ足で池之端を歩いてゆくと、水飲み場があった。おあつらえむきである。水道の栓をひねって水を出し、その、買ったばかりの、ほこりをかぶったステッキを洗う。握りの部分から、支柱を、ていねいに、ぬぐうように。

すると……ああ、なんということだ！

（ひょっとして）、と予想していたことではあるが、浮かび出てきたではないですか！　まだらの……蛇の……模様が……。

話としては聞いていた、また、ステッキ店で、おそるおそるながめたスネークウッドである。

なんということだ。ぼくは池之端の納涼の出店で、スネークウッドのステッキを手に入れてしまったのだ！

洗ってほこりを落すと握りの部分の先端の飾りは真鍮（しんちゅう）だろうか、軟らかな黄銅色の金属の表面に花柄が細い線で彫金されている。石突きは当然のことながら象牙。

もし、このレベルのステッキが新品で売られていたとしたら——値段を想像するのは下司（げす）の極みだが、下司なので想像すると、ぼくの知識では、買った値の、少なくても百倍、いや二百倍？　アンティークということで、スネークウッドの材質がよく、時間の価値がプラスされれば、はたして、はたして？……これまでぼくが買い集めてきたステッキの代金の総額を軽く上まわるかもしれない(ということは、ずいぶん安い世界各国のステッキを買い集めてきたものです)。

それはともかく、幸か不幸か、日本で、ステッキ文化が廃れ、ステッキに対する関心、知識が失われてしまったために、その価値がわからずにタダのような値段で我が手中に収まったアンティークのスネークウッド。

この最初の持ち主が、いつ、どんな紳士だったのか、また、その人の手から離れて以後のこのステッキの流転の歴史は? そんなことはわかる由もない。

ただ、ぼくは、ときどき、このスネークウッドを手にしては、布で、そのヘッドやシャフトのほこりをぬぐい、静かに、艶やかに輝く彼(彼女?)に対面し、しばしの時間、無言の会話を交わす。

友情が成立しているのだ。

と、ぼくの掘り出しものステッキ・ベスト3は、信じがたい驚愕と感動のストーリーで締めくくられるはずであったのだが……たとえば圧巻のバッハのチェロ無伴奏組曲のあと、アンコールで、エルガーの「愛のあいさつ」が奏でられるといったような、小品ではあるが、とても嬉しい掘り出しものエピソードが加わった。

ぼくがステッキをコレクションしていることを知ったレコード・コレクターにして「猿風呂」(船橋駅前、ときわ書房の角の横丁を入って二、三分、この店、音浴ギャラリーバーとして店内の様子も客もじつにファンタスティック！)のマスターI氏が、「ヤフオクに、こんなステッキが出てますよ」と、オークションに出されているステッキの画像をスマホの画面で見せてくれる。たいてい夜中の、日付が変わるころ。悪魔の囁きだ。

ヤフオクは自分でやったことは一度もない。スマホは二年ほど前から持ちはじめたのだが、ヤフオクの登録、エトセトラがわからなくて自分ではできない。サルブロのマスターは、せっせとオークションに出ているステッキをチェックしては、耳元で囁きかけてくる。

これまでに、何度か入札の手続きをとってもらったが、一度だけ、中国のブロンズ製ドラゴン二本とひょうたん一本の三本セットを、たしか八千円ぐらいで落札したことはある。しかし、その他は、すべて負けている。

ま、ぼくの入札値が、たいてい低いから当然、落札できないのだが、負けおしみでなく、(これはどうしても欲しい)というステッキではなかったことにもよる。

それに、スマホの画面だけでは、そのステッキの確たる実体がつかめない。ヘッドやシャフトの材質、手にしたときのバランスや重さ、といったことがスマホの画面ではわかりようもない。

で、まあ、(この程度の値で入手できるのなら、面白半分で)というくらいの気持ちの入札なのだ。ただ、入札はゲームとして面白い。また、「妙なモノを出品してくるねぇ」、とマスターと顔つきあわせてチェックするのも楽しい。

と、そんなヤフオク遊びをしているときに、いままで見たこともない変わった形のステッキが出ているのに気づく。

変わった形、といっても、握りの部分が特別珍しいものが付いているのでもなければ、シャフト部分に手が加えられているのでもない。ただ、握りの部分が┓(カギ)型で、やけに長いのである。しかも握りの下は、なにやらシルバーらしき銀色の輪が巻かれ、全体としてスッキリ、スマートな風姿なのだ。

マスターは画面の説明文を読み、「これは百年前のステッキだそうですぞ」と、ぼくをそそのかす。たしかに(面白いかも)ということで五千五百円で入札発注してもらう。

それから二日後だったかな、マスターのはずんだ声で「当たりました!」と連絡が入る。落札額五千五百円、送料五百八十円、振り込み手数料百五十八円、計六千二百三十八円也のステッキとご対面(代金はマスター立て替え。すまん!)。

画面で見たより、全体がスリムで、おおらかな印象。そして、ヤヤッ、シフトの銀色のリングの部分は、まさに銀製で、しかも製作年代を示す、例のホールマークが刻印されている。手にしたときのバランスもとても心地よい。

ヤッタネ！　嬉しくなったぼくは、マスターに、このステッキがどれだけデザインが珍しく、好ましく、それにしては落札額が低くすぎ、なぜこのステッキの魅力に、アンティーク業者をはじめ、人は気がつかなかったのだろうか、などと興奮気味に話しつつ、アマレット（デ・サローノ）のダブルをロックで立てつづけに三杯もお代りしてしまった。

ヤフオクで掘り出しものに出っくわすということがあるのですねぇ。この、総額六千円ちょっとのステッキ、近々、これを手にして街を歩いてみたい。そうだなぁ、銀座のシェリークラブに行くときなんか、いいかも。

いや、このスリムなステッキと、ドライシェリーは、合いすぎ。ちょっとズラして、アモンティリャードとのマリアージュを楽しもうか、などと我ながら気障（きざ）なことを考えてみたりしている。ふ、ふ、ふ。

あとがき——ステッキといつまでも

ともかくも、ここまで来た。

ヨロヨロとした足どりではあったが、何本もの杖に助けられて、この、あまり人の往き来しない、ステッキの林をなんとか、くぐり抜け、自分の歩いてきたブッシュを見渡すことができるところまで来た。

本文中、何度も繰り返し述べてきたことだが、本当に、現代の、とくに男性のステッキに対する関心の薄さは歯がゆいくらいである。

ステッキ、といえば、ただ介護用、という反応しか返ってこない。もちろん介護用のステッキを軽視するつもりは毛頭ない。それどころか、女性物と比べ、男性向きの介護用ステッキの遊び心のなさを、ぼくは常々悲しく思っているのだ。

それにしても、今日の日本の男性諸氏が手にする最初のステッキが介護用、というのは少々寂しすぎませんか。ブランドの服や時計、あるいは高級ワインをカーブにストックされるのも結構ですが、それくらいの趣味人、洒落者なら、もう一歩進んで、頭にはフェルトのソフトハット、手にはシックなステッキ、といきたいじゃないですか。というような、挑発、アジテーションの書として、このステッキ愛好本をまとめました。

ステッキそのものや、ステッキに関わることに興味を持ちはじめると、それまで、まったく気にもとまらなかった〝ステッキ世界〟がぼくの前に浮上してきたのには驚かされました。

思えば当然のことながら、人生散歩派の人士は多かれ少なかれステッキ文化に関心を抱いていらっしゃる。散歩にステッキは付き物ですからね。

また、よき時代の、ご用とお急ぎでない、ブラブラ人生一筋の無用者派も、それとなくステッキなるものに視線が行く。

その証拠物件たる文芸の一節や、風俗を記録した漫画の一コマに出会ったときの嬉しさ、その楽しさを伝えたくて、世にうち忘れられたステッキという超マイナーな世界の、雑多なコレクションを蔵出し、ご披露してきました。

ぼくがステッキの囚(とら)われの身となっていることを知った知人・友人からの協力は本当にありがたいものでした。

京都在住の画家にして著述家のH氏は、ステッキ文の切り抜きや写真、昔の絵葉書などをたびたび郵送してくれました。

八面六臂の活躍の極私的評論家T氏は、神保町の喫茶店で会うなり、ピューっとどこか（東京堂でした）へ行ったかと思うと、ステッキの登場するミステリーのアンソロジーを買い求めてきてくれました。

また、書かれる文章や生き方の透明感で、若き女性読者の憧憬の的、マドンナ姉さん的存在の作家のIさんからは、ステッキを手にした昔の文学者たちの写真や、ステッキピンバッジ、加えて、あろうことか海外土産として、由緒あるステッキをいただきもしました。旅行中、さぞやジャマだったでしょう、Iさん。ありがとう！

と、ぼくのステッキ道楽を面白がってくれる友人たちの物心ともの後押しがあって、このマイナーなテーマの本が、ついに世に出ることになったのです。

こんな本を出したぼくも、遠からず伊達（だて）ではなく、介護用のステッキを手にすることとなるでしょう。それはそれでまた新しいステッキ生活との出会いがあるはずです。

とにかくぼくは、杖といつまでも楽しみたいと思っているのです。ステッキを手にするということは、散歩用であれ、介護用であれ、歩くこと、歩けること、だからです。ステッキは歩行という行為に寄り添い、歩行を支えるのです。

この雑多な図版や引用文のチェック、索引の作製にご尽力いただいた求龍堂編集部の茂木光治氏、装丁、レイアウト、デザインの近藤正之氏に深謝いたします。

末尾になりますが、この本の企画実現のプロデューサーである、ジャーナリストにして歴史著述家（長宗我部家十七代当主）長宗我部友親氏の名を、ここに記し残したいと思います。

平成二十六年新春

坂崎重盛

本書のPart1、Part2は、それぞれ『集める！』（平成十六年・岩波書店刊・共著）、『蒐集する猿』（平成十二年・同朋社刊）の、ステッキ関連の文章を補筆収録。それ以外は書き下ろしによる。

図版一覧

昭和初期の夫婦像とステッキ――その1　13
昭和初期の夫婦像とステッキ――その2　15
デビュー前のディケンズ青年の姿　17
夢二描く恋人たちとステッキ　29
龍のステッキ勢ぞろいと寿老人？　33
イギリス、エジプト旅行の途上で　37
なんで、こんなステッキが!?　49
「昭和の奇観」もステッキとともに――その1　55
「昭和の奇観」もステッキとともに――その2　59
こんなときでも手にはステッキ　65
かつては学生さんですらステッキを手にしていた――その1　75
かつては学生さんですらステッキを手にしていた――その2　77
かつては学生さんですらステッキを手にしていた――その3　81
蓮杖と下岡蓮杖ご本人　89
ステッキ・ガールは実在したか？　103
明治の日本にステッキがやってきた　115
愛用のちょっとおかしなステッキ集合！　129
あっ、ここにもステッキが　139
多分誤解？　142
「握り」と「石突き」にご注意　155
モガ・モボのご両人に幸あれ！――その1　163
モガ・モボのご両人に幸あれ！――その2　165
東西今昔ステッキ店比べ　169
明治男たちのステッキ事情――その1　175
明治男たちのステッキ事情――その2　179
ビアズレー描く『サロメ』にヘルメスの蛇杖が！　185
伊達男ステッキを手に町を行く――その1　195
伊達男ステッキを手に町を行く――その2　197
伊達男ステッキを手に町を行く――その3　199
伊達男ステッキを手に町を行く――その4　203
ぼくの仕込みステッキ・ベスト10のうちの8本　211
うれしいいただきものステッキ・ベスト5　229
アーティストから贈られた新ステッキ設計図　231

『風貌・姿勢』　58, 66
『風来の人――小説・高田保』　104
『風流尸解記』　160
『福翁自伝』　172
福沢諭吉　171-173
フランス, アナトール　119
フリーメイソン　48-51
『フリーメイソン』　50, 51
『文学探偵帳』　108
『文学・東京散歩』　138-140
『文壇放浪』　143
ヘルメス（メルクリウス／マーキュリー）の杖　164, 185-187
『変態蒐癖志』　56
『戊辰物語』　130
細木原青起　15, 55, 163, 165, 197, 199
穂積陳重　80, 86
堀辰雄　60, 66
『梵雲庵雑話』　87-89

【ま行】
前川千帆　77, 195
牧野信一　61
正岡容　26
松岡久奉　98
『抹香町・路傍』　62
松崎天民　106
『漫画一年』　75
『漫画明治大正史』　75
水島爾保布　13, 77
水上勉　143
宮本直毅　39
『武蔵野』　72, 73
室生犀星　60, 128
『明治のおもかげ』　138
『明治風俗史』　175
『耄録』　82-84
『モダン語辞典』　100, 101
『モダン新用語辞典』　100
『モダン都市文学Ⅰ モダン東京案内』　98
森鷗外　23, 83, 84, 92-97, 121, 122, 124
森於菟　121
森銑三　126
森田草平　127
森茉莉　95
森類　92, 121

【や行】
八木原捷一　163
八木福次郎　140
『厄除け詩集』　71
山崎英介　231
山田みのる　59
山中共古（笑）　130
山本松谷　126, 175
『有閑階級の理論』　52, 53
『ユウモア突進』　183
『夢十夜』　76, 80, 124
横光利一　116, 120
吉岡鳥平　103
吉村正和　50

【ら行】
『両像・森鷗外』　83
『煉瓦塔　近代文学覚え書』　138
ロートレック　109
『露伴小品』　89, 90

【わ行】
ワイルド, オスカー　185, 186
和田芳恵　116

ステッキ・ガール　55, 98-107, 109
『ステッキ術』　20, 56
スネークウッド　67, 68, 152-156, 178, 237-242
『成簣堂閑記』　188
セザンヌ , ポール　152, 155, 229, 232, 233
『漱石のステッキ』　123, 125-132
『続ビゴー日本素描集』　115
『素白先生の散歩』　148

【た行】
『大正後期の漫画』　163
『大正前期の漫画』　59, 197
タカゲン　73, 86, 157, 177-181, 204
高田保　104, 105
高橋英雄　157, 180
高橋康也　162, 233
田口省吾　103, 104
竹久夢二　28, 29, 197
『多情多恨』　179
田中比左良　13, 59, 203
谷脇素文　13, 15
田山花袋　72, 73
『小さな手袋』　66, 71
チェホフ　116
『父親としての森鷗外』　121
チャップリン　110, 157, 177-183, 204, 222
つえ屋　204
鶴ヶ谷真一　148
『凸凹放送局』　75
『東海道品川宿』　145
『東京の三十年』　72
『道化の文学―ルネサンスの栄光』　162-167
徳田秋声　62, 63
『徳田秋声伝』　143
徳富蘇峰　23, 56, 111, 112, 117, 188
友永詔三　225

【な行】
直木三十五　120
永井荷風　94, 95, 108-110, 143, 198
永井龍男　61, 113, 114
長岡規矩雄　100
長崎抜天　65
中澤宏紀　123, 132
中村正常　61, 66
夏堀正元　104
夏目漱石　72-80, 123-132, 172
難波大助　141, 142
新島襄　171-173
ネフェルティティ　36
『ねむれ巴里』　159, 160
ネメシス　187
野口冨士男　143
野田宇太郎　70, 92, 126

【は行】
萩原朔太郎　128
『場末風流』　116
秦剛平　170
林望　167-170
『晴れ後曇り』　163, 197
『晩年の父』　95
ビアズレー , オーブリー　185, 186
『氷川清話』　131
『彼岸過迄』　78, 80
ビゴー　115
『ビゴー日本素描集』　115
『ひとり旅は楽し』　148
『日和下駄』　108, 110
『風俗画報』　81, 175

来嶋靖生　145
北澤楽天　197
北嶋廣敏　120
北村透谷　128
木村毅　126
木村荘八　26
京屋金介　75
『銀座』　106
『銀座細見』　102
『銀座通』　154
『近代日本漫画集』　115
『近代漫画集』　75, 195
銀ぶらガイド社　98, 99, 101, 104, 106, 107
国木田独歩　72, 73
久保田米僊　179
クローデル, ポール　122
ゲーテ　50
『現代世相漫画』　13, 65, 77, 165, 199
『現代漫画大観』　15
現代ユウモア全集刊行会　65, 75, 103, 163, 183, 197, 199
『考現学入門』　108
『哄笑極楽』　103
高青邱　146, 147
幸田文　90
幸田露伴　87-91
高哲男　52
小島政二郎　7, 58, 116
小島徳弥　100
小杉未醒　75
『滑稽諧謔教訓集』　65
『胡堂百話』　138
小林勇　113, 114
小林秀雄　60, 66
小堀杏奴　95, 121
近藤浩一郎　199
今日出海　58-61
今和次郎　108

【さ行】

西條八十　154
斎藤茂太　119
斎藤昌三　56, 87, 138
阪本牙城　55
『桜の国、地震の国』　199
佐々木茂索　116
『サロメ』　185, 186
『山雨水晴』　74, 76
『散歩』　113
『散歩礼讃』　120
『虐げられた笑』　83
シェイクスピア　124, 166
志賀直哉　60
『仕事部屋』　61, 63
仕込み杖（仕込みステッキ）　31-33, 38, 43-46, 49, 109,141, 152, 176, 198, 200, 206-216
柴田宵曲　138, 139
『清水町先生』　71
清水登之　15
下岡蓮杖　86-91
春郊　179
『春城代酔録』　132-136
『新時代の尖端語辞典』　100
『人生の花ざかり』　119
『人生漫画帖』　13, 15, 55, 59, 103, 163, 199, 203
杉田三太郎　103, 203
『鮨』　112
スターリング　182
スティーヴンソン, J.　17

索引

＊『二重カギ括弧』は書籍名。

【あ行】
明石精一　55
芥川龍之介　130
浅井忠　75, 195
東健而　183
麻生豊　65
『阿房列車』　110
嵐山光三郎　31-34, 170, 174
アルルカン（アレッキーノ）　164, 232, 233
淡島寒月　70, 87-91
安藤更生　102, 104
安藤鶴夫　26, 126
池内紀　108- 112, 148-150
池谷信三郎　120
池部均　75
『異国膝栗毛』　199
石黒忠悳　83-86
石田千　152
泉鏡花　129, 173-177, 222
市島春城（謙吉）　132
伊藤博文　142, 143
井伏鱒二　7, 58-71, 114, 147, 153, 190
岩本素白（堅一）　145-148
『岩本素白随筆集――山居俗情・素白集』　145, 148
巖谷小波　74, 76
『隠居論』　80-86
ヴェブレン, T.　52-54
内田百閒　23, 108-112, 189
内田魯庵　138
鵜沼直　100
于武陵　71
于良史　69
海野弘　98, 106
『絵入小唄集　三味線草』　29
『M博士―往来の思想』　148
大宅壮一　105
お歩きさん　98, 104, 105
岡本一平　77, 203
『岡本一平全集』　77, 203
岡本かの子　112, 113
小川治平　197
小暮信二郎　99
尾崎紅葉　87, 174, 175, 179
小沢信男　106
小田嶽夫　70
小沼丹　66-71, 147
小野田素夢　154
『女の世界』　103, 104, 142

【か行】
『快妻物語』　119
『鏡の国のアリス』　228
笠井鳳斉　81
梶田半古　179
勝海舟　130, 131
カドケウス　185, 186
金子光晴　156, 159-161
鏑木清方　26
『河明り』　113
川崎長太郎　62
川本三郎　113
寒竹　69-71, 73, 110, 152-158, 182, 183, 222, 223, 229
『眼中の人』　118
菊池寛　120

坂崎重盛（さかざき・しげもり）

1942年東京生まれ、千葉大学造園学科で造園学と風景計画を専攻。卒業後、横浜市計画局に勤務。退職後、編集者、随筆家に。俳号「露骨」、都々逸作家名は「鶯啼亭捨月」
著書に『東京本遊覧記』（晶文社）、『TOKYO老舗・古町・お忍び散歩』（朝日新聞社／文庫）、『「秘めごと」礼賛』（文春新書）、『東京読書　少々造園的心情による』（晶文社）、『神保町「二階世界」巡り 及ビ其ノ他』（平凡社）、『名著再会「絵のある」岩波文庫への招待』（芸術新聞社）、『粋人粋筆探訪』（芸術新聞社）など。

P154　JASRAC出　1315309-402
＊引用図版に関して、作者および出典が不明なものがあります。お気づきの方は編集部までご一報ください。

ぼくのおかしなおかしな
ステッキ生活（せいかつ）

発行日　平成二十六年二月六日　初版第一刷
　　　　平成二十六年四月八日　初版第二刷
著者　坂崎重盛
発行者　足立欣也
発行所　株式会社求龍堂
〒一〇二-〇〇九四
東京都千代田区紀尾井町三-二三
文藝春秋新館一階
電話　〇三-三二三九-三三八一（代）
FAX　〇三-三二三九-三三七六
http://www.kyuryudo.co.jp
編集　茂木光治
装丁・レイアウト　近藤正之
印刷・製本　株式会社東京印書館

ISBN978-4-7630-1330-9 C0095